ディズニーを目指した男

大川博

忘れられた創業者

津堅信之
TSUGATA, Nobuyuki

日本評論社

ディズニーを目指した男　大川博　目次

序章　日本のディズニーを目指した男

スクリーンには、恰幅のよい、丸顔に丸眼鏡をかけチョビ髭をたくわえた紳士が映し出されている。その紳士が観客へ向かって、妙に甲高い声でしゃべりはじめた。

皆様、日本で初めての総天然色長編漫画映画が、我が東映の手によって、完成いたしました。この漫画映画は『白蛇伝』といいまして、中国の有名な昔話を題材といたしたのであります。皆様ご承知のごとく、漫画映画は一般の映画と比較いたしまして、多分に国際性を持っております。そこで、私どもは、立派な漫画映画を作りまして、世界に広く進出いたしたいと考え、昨年の1月、我が東京撮影所の中に、日本ではもちろん、世界でも珍しい、最新式なスタジオを作りまして、早速制作に着手いたしまして、その第1回の作品が、この『白蛇伝』でございます。もちろん、初めてのことであり、いろいろと改善する点があると思いますが、私どもといたしましては、相当立派なものができたと確信いたしております。どうか皆様、絶大なるご支援をいただきますよう、特にお願いを申し上げます。

これは、1958（昭和33）年10月22日に公開された、東映動画の長編アニメ第1作『白蛇伝』の「予告編」に収録された、東映動画社長・大川博によるスピーチの全文である。社長室と思われる部屋の机の前に立った大川が、観客の側に向かってスピーチするという映像で、予告編の冒頭近くで組まれている。

東映動画（現・東映アニメーション）は、1956（昭和31）年7月31日設立。東映本社の経営が軌道に乗り、その映画界での業容を拡大させる一環として設立されたという理解が一般的である。設立当初こそ、教育用の短編アニメーションを制作していたが、東映動画がその仕事の主戦場としたのは劇場用の長編アニメーションで、設立2年後に公開されたのが『白蛇伝』だった。

この予告編はなかなか興味深く、スピーチする大川の立ち姿に続いて、東映動画スタジオの建物の俯瞰（ふかん）写真が入り、次にスタジオでのスタッフの作業風景が紹介されている。その作業風景は、動画（作画）、トレス、彩色、背景、撮影という順序で、あたかもアニメーション制作の手順を説明するかのような構成になっている。

映画の予告編の中で、制作会社の代表が出演し、スピーチするのも異例だが、それほどまでに、東映、東映動画、そして大川博にとってこの『白蛇伝』のもつ意味は大きく、劇場用長編アニメーションの本格的な国産化を高らかに謳い、かつ新たなエンタテインメントの開拓を宣言する場となった。実際、『白蛇伝』は日本初の本格的フルカラー長編アニメで、現在でも日本のアニメ史、そして映画史の中で重要な作品として捉えられている。

もっとも、映像の中で登場する大川の肩書きは「東映株式会社　取締役社長　大川博」であって、「東映動画株式会社　取締役社長」ではない。『白蛇伝』は、一般の観客向けのアピールとしては、「大東映」（予告編での表現）が世に送り出した作品なのである。当時、「アニメーション」という語は、ごく一部の専門家しか使わず、それを略した「アニメ」という語もなく、漫画のような絵が動く映画＝「漫画映画」であった。したがって、当時アニメーションの和訳語でありつつ、やはり一般的ではなかった「動画」を社名に組み入れた「東映動画」も、一般の観客たちには何のことか理解できなかっただろう。

世界に進出するという旗印

東映、そして東映動画の設立者・大川博は、1896（明治29）年12月30日新潟県生まれ。中央大学卒業後、鉄道省、東急電鉄など鉄道界で主に経理畑を歩み、戦後まもない1951年、東映の初代社長の座につき、映画界に入る。以後、倒産寸前の東映を建て直して日本映画界トップの興行成績を得るとともに、日本初の本格的アニメーションスタジオ・東映動画を設立、後のアニメ大国への道筋を拓いた。1971（昭和46）年8月17日病没。

これが大川博の一般的な略歴だが、冒頭で紹介したのは、東映の経営が安定し、次の一手を打とうとする時期に設立された東映動画の、記念すべき長編第1作公開にあたってのスピーチだった。

このスピーチで注目したいのは、「漫画映画は一般の映画と比較して多分に国際性を持っている」「我々は立派な漫画映画を作って世界に広く進出したい」という部分である。

それはつまり、日本の実写映画（劇映画）が今も昔も国際的に進出できているとは言えない現状と比較すれば、日本のアニメが「anime」として海外で広く認識され、エンタテインメントとして供されていることを「予知」しているとも受け取れるからである。

もちろん、現在の日本のアニメの国際的な存在は、50数年前の大川の決意表明や東映動画の仕事と直接結びつくものではない。また、後に述べるように、大川の意図、つまり東映動画の作品が「世界に広く進出」することが実現できたかというと、これもそうとは言い切れない結果となった。何よりも大川が、「漫画映画（アニメーション）」が未来志向の娯楽であり、「国際性を持っている」ために「世界に広く進出したい」と述べたその言葉に、どの程度の計画性、戦略があったのかという点は、長らく謎であった。

こうした、いわば企業経営者という立場に注目した研究は、日本のアニメ研究分野に関する限り、ほぼ軽んじられてきた。近年ようやく、宮崎駿らが所属するスタジオジブリのプロデューサーであり経営者である鈴木敏夫や、劇場用長編アニメ『攻殻機動隊』やテレビアニメシリーズ『PSYCHO-PASS サイコパス』など多くの話題作を送り出してきたプロダクションI.Gの社長・石川光久らの仕事が注目されるようになってきたが、アニメスタジオ経営者の仕事が、アニメ史の文脈で語られてきたとは、やはり言えない。

大川博の場合でいうと、語られてこなかった最大の理由は、ここが大川率いる東映動画というスタジオの特性なのだが、何人かのアニメーターや監督らの力、平たくいうなら彼らのプライドが高すぎ、スタジオで手を動かす一スタッフの回想録や発言録が、そのまま東映動画やアニメ界の「正史」として伝えられてきたことにある。大川は社長時代、年にただ一度、新年の挨拶で東映動画スタジオに足を運ぶ程度だったようで、当時在籍したアニメーターや監督からは、その際の大川の「漫画の諸君、こんにちは」という挨拶がスタッフの爆笑を買っていた[1]、という程度の内容が伝えられているに過ぎない。

東映動画のような、数百人規模のスタッフを抱える巨大組織であってみれば、一スタッフが社長の思惑や所作を直接感じることは少ないだろうし、所属するクリエイターにとっての社長とは、おおむね、敵か、妖怪か、あるいは笑いのタネか、いずれにせよ印象を重視して捉えられてしまう。そうした彼らの伝聞を、そのまま正史にすることはできないはずなのだが、クリエイターや作品を愛するファンや研究者らは、それら「正史」をそのまま鵜呑みにしてきたところがある。

「世界に進出する」という旗印を掲げ、当時ディズニーが独占していた長編アニメーション制作に挑んだ、いや、それに挑むために東映動画を設立した大川博という人物は、現在の日本のアニメの原点を振り返るという意味で外すことはできない。事実これまでも、日本のアニメ史に多少なりとも興味を持つ者であれば、「大川博」の名は知っている。

なぜ長編アニメーションだったのか

そんな大川博が設立した東映動画が劇場用長編アニメーションを目指したのだとすれば、それはなぜだったのか。

映画界での業容の拡大、そして本章冒頭で紹介した大川自身のスピーチにもある「漫画映画を作って世界に広く進出」ということが、その理由だったとすることは可能であろうが、「業容の拡大」と「世界進出」のために「劇場用長編アニメーション」だったと理解するのは、当時の映画界、アニメーション界の状況からして、かなり無理がある。

映画界で業容を拡大しようというのであれば、時代劇から現代劇まで幅広く実写劇映画を手がけ、また撮影所を増やして制作本数を増やすなどを考えるのが普通である。現に大川率いる東映は、そうした意図で映画制作本数を増やし続けた。

また、世界進出ということで言えば、当時は、黒澤明や溝口健二、衣笠貞之助らの作品に対し、海外のメジャー映画祭での受賞が相次いだ直後であり、東映が得意とした時代劇映画でそれを目指すことも、十分に考えうることである。

にもかかわらず、大川はアニメーションを選択した。一方で、当時の日本では、アニメーションを、それも劇場用の長編アニメーションを組織的、商業的、かつ継続的に制作しうる技術や人材は皆無と言ってよかった。

当時の国内のアニメーション産業と言えば――「産業」も成り立っていなかったような零細な状況だったが――教育用の短編アニメーションやCM用アニメーションを制作する小さなスタジオがいくつかあったのみである。唯一、目立つアニメーションと言えば、それはディズニーである。1950（昭和25）年に『白雪姫』（1937）をはじめとする戦前に制作された長編の公開を皮切りに、『シンデレラ』（1950、1952日本公開）、『ふしぎの国のアリス』（1951、1953日本公開）など、戦後制作の作品も続々と公開され、映画館で見る長編アニメーション＝ディズニーという図式があった。

技術、人材、マーケット、いずれをとっても非常に大きなリスクとハードルを抱えているようにしか見えない長編アニメーションに、なぜ大川博は手をつけたのか。この疑問を検証しなければ、日本のアニメ史の重要な一断面を置き去りにし続けることになる。

日本のアニメは、「anime」として海外に知られ、宮崎駿はもちろん、押井守、今敏、細田守などの長編アニメ監督は、多くの国際的映画賞を受賞している。これらを「世界に進出」と言えるかは意見が分かれるだろうが、少なくとも、大川博が意図した、長編アニメをもって海外で知名度を得るということは実現できている。現在の日本は、アメリカと並ぶ長編アニメ大国になっているからである。

だからこそ、東映動画の、そして日本アニメ史の現在の「正史」から大川博が忘れられかけているという現状に、筆者は長らく違和感をもってきたのである。

急成長と低い評価

大川博は、東映動画設立者にして社長という以前に、東宝、松竹、日活、大映などと並んで、実写劇映画制作大手の一翼を担う東映の社長である。そして、東映初代社長・大川の誕生には、戦後まもない頃の日本映画界の状況が深く関わる。

東映は、東横映画、太泉映画、そして東京映画配給という3社が合併する形で、1951年に発足した。実質的な母体となったのは、1938年設立の東横映画で、名称のとおり東急グループ系、しかもその東横映画の初代社長は、東急グループの総帥・五島慶太だった。それぱかりではなく、東映の母体となった残り2社いずれも東急系だった。つまり、同じ東急系の映画関連会社3つを整理統合して発足したのが、東映だったのである。

東宝、松竹など戦前から映画制作を続けてきた大手の映画会社でさえ、第二次世界大戦敗戦後の混乱状況を打破できない中で、東横映画のような中小規模の映画会社が生き残るのは非常に困難であり、起死回生を目論んで関連3社を1社に整理統合して発足したのが東映だったとも言えよう。

もともと厳しい経営状況だった中小3社を統合したことから、東映は発足直後に巨額の赤字を抱え、「設立、即、倒産」の危機にあったとも言われた。そんな八方塞がりの中で社長として招聘されたのが、当時東急電鉄専務で、中央大学卒業以来一貫して鉄道界で経理畑を歩んできた大川博だったのである。そもそも大川は映画制作にはまったく興味がなく、またその経営面での手腕も未知数で、本来ならば映画会社の社長につくべき立場ではなかったのだが、大川にとっての恩師ともいうべき五島慶太から「命令」される形で東映社長の座についたというのが実態だった。

そして大川の社長第1日目の仕事は、「机上に殺到した百二十三枚の手形」の処理だったという[2]。東横映画以来の腕利きの活動屋たちの金の使い方に根源的な問題があると判断した大川は、撮影所の猛反対を食らいつつ、映画を安く作り高く売るという方針のもと東映の経営を立て直し、片岡千恵蔵や中村錦之助などの名優を擁して時代劇映画の一時代を築いた。そして結果的には発足わずか5年で、東映は国内トップの観客動員を稼ぎ出すまでに急成長を遂げた。

さらに大川は映画の量産化を極端に推し進め、東映本体とは別に、「第二東映」（後にニュー東映）という現代劇専門の会社を立ち上げた。この頃までの大川東映は、まさに飛ぶ鳥を落とす勢い、順風満帆だった。

しかし第二東映は、わずか2年弱で幕を閉じた。拡大路線を重視するあまり、現場（とりわけ撮影所のマンパワー）の現状を無視した、そして計画性が欠如した運営体制をとったことが主要因だった。

そして、1971年8月、大川の他界後、東映グループ全体の合理化を進めた新社長・岡田茂ら次世代へと移行して、その次世代らの業績や発言が「正史」となって現代に伝えられてきた。

東映という会社は現在まで大手映画会社として存続し、東映の過去から現在を振り返る出版物などは、数多く出されている。にもかかわらず、日本映画史の中での「大川博」の評価は、アニメ史での場合と同じく、死後、動いていない。

プロ野球

アニメーション、映画、そしてこの序章では詳しく述べないが、東映が大株主となって設立された日本教育テレビ（NET、後のテレビ朝日）を中心としたテレビ事業まで、映像全般に手を広げた大川博はもう一つ、戦後から今日に至るエンタテインメント界で、少なからぬ役割を果たしている。それが、プロ野球界での仕事である。

日本のプロ野球は、現在の日本野球機構の前身にあたる日本野球連盟が発足した1936（昭和11）年に、東京巨人軍（現・読売巨人軍）、大阪タイガース（現・阪神タイガース）をはじめとする1リーグ7球団で始まった。

第二次世界大戦による中断期を挟んで、1950年、多くの新規加盟球団を受け入れて、セントラル・リーグとパシフィック・リーグとによる2リーグ制が発足した。その際、すでに東急電鉄が親会社の球団・東急フライヤーズ（後の東映フライヤーズ、現・北海道日本ハムファイターズ）の実質的なオーナーだった大川博は、2リーグ制発足にあたって、パ・リーグの初代会長の座につくことになったのである。

戦前から戦後の混乱の中、ようやく安定期に入ろうとしていた球界としては、2リーグ制になるということは球団が増え、観客が分散して収益が減少する懸念を払拭できないこと、また、有力な選手が不足していたことなどから、加盟する球団と加盟を拒否する球団とが入り乱れる結果となった。

大川自身は、スポーツにはまったくといってよいほど関心がなかった。そのせいか、東急フライヤーズの事実上のオーナーだったとはいえ、「もっぱら運営方面」の世話をする程度だったが、結果パ・リーグ初代会長を引き受けることになった。しかし実際には、「リーグの運営をどうするかなど、本質的な問題はそっちのけに、選手引抜き合戦のゴタゴタばかりつづいて、その跡始末にばかり奔走させられた」のだという[3]。

結局、パ・リーグの会長は、「1年ごとに各球団持ち回りで」という奇妙な申し合わせによって、大川の会長職も1年で満了となったわけだが、大川のもともとの立場である東急フライヤーズ、後の東映フライヤーズのオーナーという職務は継続した。そして、万年Bクラスだった東映フライヤーズは、大川博の「金は出すが口は出さない。真の強いチームを作るために思うようにやってくれ」という言葉に奮い立った水原茂監督のもと、1962年にパ・リーグ優勝、そして阪神タイガースと戦った日本シリーズを制して日本一の座に輝く。

しかしその後はAクラスに入りながらもリーグ優勝は果たせず、選手を減らしてチームの縮小化、たびたびの監督交代など混乱が続いた。そして、1969年に発覚したプロ野球選手・関係者らによる大規模な八百長疑惑、いわゆる「黒い霧事件」が東映フライヤーズにも波及し、大川博もその対処に時間を使わざるを得なくなった。

1971年の大川の死後、累積赤字を積み重ねてきた東映フライヤーズは、新社長・岡田茂が主導する形で不動産会社・日拓ホームに売却され、その歴史を閉じた。

現在、プロ野球史の中で大川博が語られることは、ほとんどない。

こうして見てきて、各界における大川博の評価は、おおむねネガティブなもので固まっている点は、ご理解いただけただろうか。

大川に代わって社長職を継いだ岡田茂は、大幅な赤字を抱えた東映動画、東映フライヤーズの整理に手をつけ、さらには大川がやはり東映グループの業容拡大の一環として運営していたボウリング場も、ブームを過ぎて経営が成り立たないとして事業から撤退した。

一方で岡田は、大川社長在職時代から東映で実写劇映画を中心にすえながらも、時代劇にとどまらず、ヤクザ映画や「東映ポルノ」と称された成人向け映画の制作といった、大川の手法とはまったく異なる娯楽路線を築き、洋画の配給にも手を広げた。そして、1960年代後半以降の映画産業斜陽の最大の要因となったテレビを活用したテレビ映画制作、さらには不動産など他事業を展開し、東映グループ全体の経営を立て直した。

こうしたことから、東映グループの歴史は大川体制時代と岡田体制時代とに大きく二分できるが、大川博が築き育てた東映を引き継いだ岡田は「映画界のドン」と尊称され、2011年5月、87歳の天寿を全うした。一方の大川は、志半ばというほどではないにせよ、映画からテレビへという時代の変革期の中で、1971年8月、74歳で他界、しかもいわゆる急死だった。

繰り返しになるが、現在、大川博は、その名こそ歴史上の人物として専門家には知られている。しかしその実態は、いわゆるワンマン経営型で、その風貌は小太りに丸眼鏡、チョビ髭、二人称には「チミィ」を使う、典型的な昭和の社長像のモデルとされ、東映の活動屋たちからは「映画を知らない」と言われ、東映動画のアニメーターたちには格好の似顔絵のネタになり、非常に困ったことに、これまでの映画やアニメーション研究者も、ほぼこの路線に沿って大川を捉えているのである。

5年ほど前だったと思う。筆者は、10年以上にわたって交流のあるアニメ監督の杉井ギサブロー[4]から、「大川博のことを調べてみないか」と持ちかけられた。監督曰く、「大川さんがなぜ、あの時期に東映で長編アニメをやろうとしたのか、それをずっと疑問に思ってきたんだ」。

杉井ギサブロー監督は、『白蛇伝』制作中の東映動画にアニメーターとして入社し、約4年間、東映動画の初期の長編アニメ制作に関わっている。つまり、立ち上げられたばかりの大川博の長編アニメ事業に、まともに関わった人物であり、以後50年以上にわたって日本のアニメ界の第一線で仕事をしている。

そんな杉井監督から、あらためて「大川博を」と言われて、「東洋のディズニー」を目指して東映動画を設立したパイオニアの1人、という程度にしか大川博を捉えていなかった筆者は、心が動いた。「大川博のことは、まだ誰もまともに研究していない」ということも、動機としては大きかった。

調べはじめると、とにかく大川博の評判はよろしくない。例えば東映では、撮影所のスタッフや、彼らの「映画愛」に肩入れする研究者らは、「ワンマンで、金勘定ばっかりで、映画のことを何も知らない」大川博を、とことんこきおろしている。

しかし、どう考えても、撮影所の言うとおりにしていたら借金まみれで立ち行かなくなって、今日の東映はなかっただろうし、東映動画にしても、とにもかくにも大川が動画スタジオという「場」を作らなければ、宮崎駿や高畑勲は誕生していなかった可能性が高い。それらは、ちゃんと評価しなければならない。

そしてもう一つ。幸いなことに大川博は、コラムや論考、自伝、そしてインタビューや対談など、ドキュメントをかなり多く残している。それらを読んでいくと、奔放でざっくばらん、人情に篤く、一方で帳簿にはきわめて厳しく時には冷徹、はたまた映画にしろアニメにしろ「素人」という点が功を奏し、何をしでかすかわからない、カリスマの典型であって、その多面性たるや、まさしく「昭和の妖怪」と呼ぶにふさわしい、魅力的な人物だと確信した。

本書では、長編アニメを創始した、東映動画設立者としての大川博、映画産業を中心としつつ総合娯楽事業を目指した大川博、そして不可解な評価のまま埋没しかかっている大川博の人物と仕事の全貌を洗い直すことで、日本の映画史、アニメ史、テレビ史、そしてプロ野球史の空白を埋め、特にアニメ分野について、現在の隆盛に至る源流の一端を明らかにしたい。

それに加えて、かつての日本映画全盛期、そして日本アニメ黎明期に、大川博というたぐいまれな経営者、多くの人を惹きつけてやまない愛すべき「ニッポンの社長」がいたのだということを、描き出したいと思う。

第1章　映画を知らない映画会社社長の誕生

ソロバンだけはだれよりも上手だった

「この一番」――大川博が自身で付けた自伝のタイトルである。大川は「この一番」という言葉が好きで、色紙などに揮毫を求められると「この一番」と書き、人生は、事業は、どこまで行っても「この一番」の連続と覚悟しなければならないのだという。

確かに大川の人生における何度かの決断のときには、ほかの誰でもない唯一無二の自身の判断を「一番」だと信じ、行動しなければならなかった。

まず、これら自伝をひも解くところから、大川博の人物像を探りたい。

生い立ち

大川博は、1896（明治29）年12月30日、新潟県西蒲原郡加奈居村大字羽黒（現・新潟県新潟市西蒲区中之口大字羽黒）に、父・彦太郎、母・トキの四男（兄3人、姉3人の7人きょうだいの末っ子）として生まれた。

大川が生まれた1896年は、大日本帝国憲法発布（1889年2月11日）の7年後、日清戦争終結の翌年にあたり、明治維新後の日本が、極東の辺境国という位置づけから脱して欧米に肩を並べかけ、近代化を強く推し進めていた時期にあたる。

後の大川が深く関わる映画についてみると、大川生誕の同年11月、神戸でエジソン式のキネトスコープが公開され、スクリーンに映写機で投影する、現在の映画とほぼ同形式のシネマトグラフの日本初上映は翌1897年2月、大阪で行われた。さらに、国産映画制作もその頃から始まり、1899年7月には、国産初の映画（『浅草仲見世』など記録映画的な内容の実写映画）が公開された。大川は、日本映画史が第1ページ目を記した時を同じくして生を受けたことになる。ただし大川は、映画は「活動写真」と言われている頃から東映に入るまで、ほとんど見なかったという。

大川は自伝で、生家は「代々、庄屋をつとめていた」「村では名家として扱われ、私の家は『オヤさま』と呼ばれていた」としているから、裕福な家庭に育ったようだが、同時に「大家族を抱えた父は、田地を売りながら家族を養っていたが、そんなことでは、やがて限度のあることとだ。そこで牛乳搾取場を経営することになった」と回想している[1]。

大川少年は、小学校から帰ると毎日、魚釣り、水泳、卓球などに興じていたが、中でも印象的なエピソードは、相撲についてのものである。

東映時代の大川の「五尺四寸三分、二十一貫」（約164・5cm、78kg）という体格を彷彿とさせるように、大川は小学生時代から体格が良く、相撲で「あまりに乱暴に投げるので、だんだん敬遠されてしまって、誰も私と相撲をとらなくなってしまった」[1]ので、仕方なく行司をやることになったという。そして、行司・大川には、後日談がある。

豆行司になった私は、アメ玉を買って勝った方に二ツ、負けた方に一ツやることにした、これが人気をよんで、日頃やった事もない連中まで、飛入りするではないか。こうなると、行司をやるのが面白くてしょうがない。他の遊びを忘れ、もっぱら相撲の一本槍、そのかわり、私がもらう一日一銭ナリの小遣いは、全部、アメ玉になってしまう。[1]

アメとムチではないが、こうした、いかにも興行主らしい振る舞いを、後の大川の経営者としての才覚の片鱗として捉えるのは、さすがに話を飛躍させすぎるものがあるかもしれない。それでも、Aを単なるAではなく、より面白いA´にするにはどうすればよいか、あるいはAができないならBではどうか、といった戦略的な思考力は、幼少の頃から備わっていたとも言えるのではないか。

さらに大川は小学校時代の学業について、「ソロバンだけはいつも、だれよりも上手だったし、またいちばん好きであった」「こんなことが、私をのちに経理マンに仕立て上げたのかもしれない」と回想している[2]。

大川博＝経理マンというのは、自他共に認めるところである。後年、東映社長の職についた大川は、映画制作はおろか、映画の何たるかを知らないことを自虐的とも思える語り口で強調しながらも、経理のプロであることを誇りとし、また厳格な経理の姿勢を崩さなければ映画人たちへ対抗できると信じていた。経験や勘ではなく、根拠に基づいた予算の厳密な組み立てと、その組み立てを堅牢な盾として、資金のあいまいな使い方を許さず、予算どおりの決算に落着させようとした。その際の盾がいわばソロバンであって、ソロバンにものを言わせ、ソロバンの言うとおりに予算を執行する、そのためには、ソロバンが「いちばん好き」でなければできないということだろう。

1909（明治42）年、地元の松長東尋常小学校を卒業した大川は、生家のあった中之口村から数キロ離れた小吉高等小学校へ入学、そこを卒業して、15歳になった1913（大正2）年に上京、鉄道員養成の専門校である岩倉鉄道学校（現・岩倉高等学校）へ入学した。

大川が鉄道マンを目指した動機は、山陽鉄道（現・JR西日本山陽本線）を経て官鉄（国鉄）に勤めていた従兄が、時折帰省した際の制服姿に憧れたからだという。小学校時代は軍人（海軍）に憧れていた大川は、海軍将校にも似た鉄道員の制服に、「あのような立派な制服が着られる人になろうと、心ひそかに決意するに至った」[2]と回想している。

鉄道学校から大学へ

大川博が進学した岩倉鉄道学校は１８９７年創立。鉄道関係の教育カリキュラムを専門的に組んでいる私立学校で、現在でも卒業生の半数以上は鉄道業界に就職している。

大川が岩倉学校に入学した当時の、日本の鉄道事情について、少し述べておきたい。

日本の鉄道史は、１８７２（明治５）年10月、新橋―横浜間約29kmが開業したことに始まる。明治新政府は、日本の近代化、富国強兵の中で、それまで人力のみに等しかった陸上交通の脆弱さを鉄道によって解消しようとした。結果、新橋―横浜間と同時に工事が進められていた大阪―神戸間は１８７４年５月に開業、京都まで延伸されたのがその３年後、そして東海道本線（新橋―神戸間）が全線開業したのは１８８９年７月１日だった。

これら官営（国営）の鉄道敷設に加えて、民営による鉄道事業も進んだ。日本鉄道による上野―青森間の開業（１８９１年９月）、大川博の従兄が勤めていた山陽鉄道による神戸―馬関（下関）間の開業（１９０１年５月）は、延長５００～７００kmという長大路線が民営で敷設されたことになる。同時期に北海道、北陸、四国、九州でも民営による鉄道敷設が進み、明治維新から30年前後で、日本の主要都市が鉄道で結ばれることになった。

このうち長距離の私鉄路線は、軍用・国防上の優位性を高める目的もあって、１９０６年公布の鉄道国有法によって国有化され、官営鉄道の総延長は約７１００kmとなり、後の国鉄の原型が、ほぼ確立された。

大川博が入学した岩倉鉄道学校は、まさにこうした日本の鉄道事業が急速に発展・変化していく中で創立され、大川の入学は、日本の主要私鉄国有化の5年後であった。

大川の鉄道学校での成績は優秀で、入学直後の学期末試験の成績は、同学年の全生徒約100名中のトップだった。そのために特待生となり、卒業までの学費が免除されることになって、さらに勉学に励んだ。

1916年、岩倉鉄道学校を卒業した大川は、そのまま念願の鉄道会社就職か、大学進学かで悩んだようだが、結局は後者を選び、中央大学の法科へ進学した。鉄道屋になる希望を持ちながらも、単なる鉄道マンではなく鉄道事業経営者になるくらいの気持ちを持つべきと考え、大学進学の気持ちを固めたという。

ただ、中央大学は、多くの法曹関係者を送り出してきた大学であり、鉄道屋というイメージは薄い。なぜ大川は中央法科を選んだのか。大川は証言を残していない。

大川の伝記を書いた岸松雄は、「日本の鉄道を経営する」という意味で鉄道院に入るのであれば法規に精通することが必要と考えたからではないかと推測している。そして実際に大川は、専門課程の法律を学ぶ傍ら、会計学、財政学、経営学などの習得に努め、大川の下宿には法律関連の本よりも商業経営関連の本が多かったので、訪ねてきた級友を驚かせた。一方で、級友の一人は、当時の大川について「堅物だったが、その反面たいへん気のいいところがあって、妙に人望があった」と回想したという[3]。

1919年7月、中央大学を卒業した大川博は、鉄道院に入省。所属は経理局調査課だったが、少年時代から憧れていた鉄道マンであり、学生時代に力を入れて学んだ経理畑を歩むことになった。

この後大川は、鉄道省から東急電鉄を経て、1951（昭和26）年3月に東急を退職するまで30年あまり鉄道界に身をおくことになるが、その中で、彼の人生全般にわたって大きな影響を及ぼす人物に出会うことになる。五島慶太[4]その人である。

鉄道省入省と統制経済

第二次世界大戦敗戦後、東急電鉄の戦後復興と、活動を激化させた組合活動への対処に取り組んでいた54歳の大川博は、ある日、眼光鋭い老紳士から一喝された。

馬鹿なっ、冗談をいっちゃいけない！ガラに合うの、合わんの、そんなゼイタクがいえる場合じゃないんだ。君が引き受けんで他のだれが引き受けるか。[1]

荒声の主は、東急グループ総帥・五島慶太である。その気勢に圧された大川は、おそらく生涯を捧げようと考えていた鉄道業界を離れ、それまでまったく縁のなかった映画業界、それも新設の映画会社の社長のポストにつくことになってしまった。

1951年2月、東急グループの映画関連3社を合併して「東映」を設立することになったのだが、3社はこの時点で莫大な赤字を抱えており、東映発足予定の2ヶ月前になっても社長のポストに就く者が決まらなかった。業を煮やした五島が大川博を見込んで、くだんの場となったのである。

大川博といえば、やはり東映の創立者にしてワンマン社長、というイメージが強い。実際、独特の職人気質を色濃く残す映画人から総スカンを喰らいながら、金勘定第一で大ナタを振るい、大川は赤字倒産寸前の東映を建て直した。そうした大川の経営センスは、いつどのようにして形作られたのか。小学生時代はソロバンが誰にも負けなかったなど、持って生まれた才覚もあろうが、筆者は、30年にわたる鉄道マン時代に養われたと考えている。

そんな鉄道マン・大川博を、東映社長就任時から約30年さかのぼり、追っていきたい。

鉄道省

中央大学を卒業した大川が入省した鉄道院は、翌1920年5月には鉄道省と名を変え、太平洋戦争下の1943年11月には運輸通信省鉄道総局、そして敗戦後の1949年6月には日本国有鉄道（JNR＝国鉄、現・JRグループ）の発足につながっていく。

入省翌年5月、大川は書記に任官した。入省後1年も経たない中での任官は、大川自身が「私学出としては前例のない抜擢」とするほどの待遇だった[2]。1922年4月には、東京鉄道局調査課の旅客主査に就任、大川は事務官として、管内の各所で運輸帳表事務の講習会を開催し、そこへ出向いていた。

鉄道マンとしての船出から順風満帆に見えた大川にとって、最初の大きな出来事になったと考えられるのが、関東大震災である。1923年9月1日に発生した関東大震災の被害は、1府6県、死亡・行方不明者10万5385人に及んだが、東京府における死亡・行方不明者は7万387人、東京市内では6万8660人であった[5]。

震災は、首都圏の鉄道にも甚大な被害をもたらしたが、その復興過程で、鉄道施設の近代化が行われた。東京・横浜の中心部のように、ほとんど焦土と化した区域の復旧では、今後ますます鉄道需要が高まり、旧来の輸送網では対応しきれないと考えられたため、線路の複線化、駅施設の鉄筋・鉄骨コンクリート化が行われたのである。

大川博は、この関東大震災にどう関わったのか。自伝によると、大川は震災前日の午前、神奈川県国府津の講習会に講師として出席していた。そして午後には、当初の予定にはなかった群馬県高崎市の講習会出席を命じられ、その日のうちに高崎へ移動し、翌9月1日、講習会の最中に地震に遭遇した。幸い大川自身も、また東京の自宅も被災することはなかったが、前日に国府津で一緒だった同僚の1人が列車内で被災し、亡くなったという[2]。大川は、予定外の仕事で1人高崎へ移動したため、難を逃れたのだ。

だが、大川は震災に関して、この同僚が被災したというエピソードを紹介するのみで、その後の鉄道復興事業については沈黙している。岸松雄は「大震災後の救援やら復興やらで、鉄道の仕事は目のまわるようないそがしさだった」[3]としているが、これが大川自身にまつわることなのかどうかは、判然としない。

なぜ大川は自伝に、当然関わったはずの震災による鉄道被害の処理やその後の復興に関する回想を残さなかったのか。自身の専門である経理業務に、直接関係しないこともあるだろう。しかし、自伝というものは、所詮、書きたいことと書きたくないことを著者が自由に選別できる。そう考えると、震災は大川にとって、「書きたくない、書く必要のないこと」だったとも考えることができる。

だとすれば、それはなぜなのか。あるいは、震災に関して特段の仕事ができず、経理以外の仕事に対する自身の限界のようなものを感じていたのかもしれない。

経理畑へ

1926(大正15)年12月には、大川は鉄道省監督局へ異動する。職務は、地方の私鉄の会計監督、補助金の交付計算などを取り仕切る監査官で、大川が大学在学中から興味を持っていた鉄道経理・会計に直接関わるものだった。大川は、「経理の勉強に、これでいっそう精魂を打ち込む好機を得た」と回想している[2]。

しかし、実際の仕事は内業ではなく、地方の中小私鉄会社をめぐる出張の連続だった。しかも、金銭がらみの事柄を監査する立場であるから、大川は、相手側の鉄道会社からすれば厄介者であり、時には腹を探りあい、時には過剰な接待の場が設えられ、地方社会にありがちな、昔ながらの人間関係や慣習が露呈する場での仕事となった。

そうした中で、大川の仕事ぶりは、徹底的な法令順守、厳密な積算、そしてそれらに基づいた監査だったようだ。監査対象の鉄道会社幹部らが大川のためにと設えた宴席や宿なども、すべて断ったという。こうなるとさすがに、鉄道会社や地元の有力者から本省に苦情が入り、大川は幹部と対立することはあったが、鉄道省内での大川の存在感を、経理マンとして高めていくことにもなった。

そうした大川の仕事の一つのけじめと言えるのが、1940(昭和15)年11月、陸運研究社から出版された『會社經理統制令解說』である(図1)。著者は「鉄道省事務官　大川博」、全9章、348ページという大著で、法令解釈と運用の手引書の体裁になっている。

会社経理統制令は、1940年10月、それまで複数あった会社経理関連の法令を統合して施行された法令（勅令）で、大川は鉄道省の担当官として、この法令の起案から関わっていた。そして大川は、この手引書を「僅か十日間位の夜業」で書き上げたという[6]。

会社経理統制令の所管官庁は大蔵省だった。大まかに言えば、企業活動の経理全般を国家の、それも商工省、鉄道省、逓信省など民間事業者を統括する省庁ではなく、大蔵省の管理下に置くというものである。その施行の背景には、言うまでもなく、日本全体が戦時体制に入っていたことがある。国民が総力を結集して戦時体制を遂行するため、人的・物質的資源すべてを国家が統制することを目的とした国家総動員法が公布されたのは、1938年12月だった。

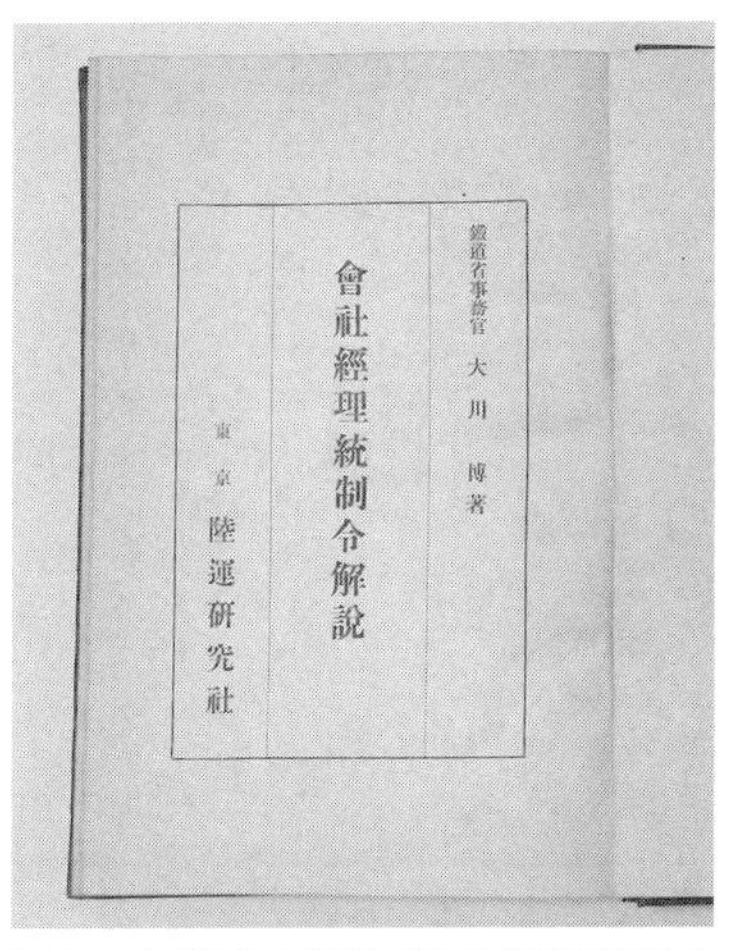

図1　大川博の著書『會社經理統制令解說』（1940）（筆者所蔵）

1925（大正14）年4月に制定された治安維持法は、制定からわずか3年後の1928年6月には改正され、天皇を中心とした政治体制の変革を目的とした結社・組織への最高刑を死刑とし、結社・組織に至らずとも、それを目的として何らかの行為を成すのみでも処罰されるという、いわゆる厳罰化が行われた。

大川が後に関わる映画についてみると、1925年7月1日から、内務省による映画検閲制度が全国統一で実施されることとなった。映画検閲は、当初は、「公安」「風俗」「保健」などの観点から障害があると認められたシーンを事前検閲でカットするもので、「風俗」の具体的なチェック内容には、「残酷」「姦通」「接吻」「性的暗示」「教育」など18項目が掲げられている[7]。したがって、洋画に登場するキスシーンはことごとくカットされるという、今日からすれば若干微笑ましさを感じるレベルだった。

しかし、1939年制定の映画法は、軍国主義政策を推し進める色合いが濃く、国策に沿った映画制作・上映の強制、戦地での戦勝を伝えるニュース映画の制作推進、逆に娯楽映画の制作・上映制限が取られた。アメリカなどの洋画の上映が制限されたことはもちろん、国内の一般の劇映画からアニメーション制作にも大きな影響を及ぼした。

統制経済

こうした戦時体制下で、一般企業活動をも国の統制化に置こうとしたのが、大川博が関わった会社経理統制令である。国民すべてが戦争に協力しなければならないことを謳った国家総動員法が前々年の38年に制定されたのだから、当然の措置とも言えた。

日本の金融・会計史でみれば、1937年に軍需物資生産優先の「戦時統制経済」に入ったとされ、また同年は、日本の金融構造が直接金融から間接金融へと変化した年とされる。それまでの日本では、株主優先、役員への高配当といった金融形態であり、資金は会社から会社へ、また個人へと直接的に流通していた（これが直接金融）。それを、資金の流れの途上に銀行などの金融機関が入り（これが間接金融）、その銀行での資金の流れを国家が管理して、各企業間の気まぐれな投資を防止し、「国策（戦争）遂行のために必要な資金を銀行等の金融機関を経由して、重要な産業企業に効率的に流れる経路が構築」[8]できるように制定されたのが会社経理統制令である。

こうした流れを受けて制定された法令の手引書を大川博が書いたという形になったが、法令の起案から参画していたとはいっても、大蔵省が主導し、あまたの専門家が集結していた法令協議にあって、大川はあくまで鉄道省という関連一部門に過ぎない省庁の一担当官である。そんな大川が、いわば「代表」として手引書を書くことになったわけだが、大川は当時のことを次のように回想している。

非常事態はいよいよ緊迫を告げ、経理統制、資金統制から、日本の経済界は最後の土壇場にも等しい企業統合の時代にはいった。……私はこの間に、鉄道を中心とするもろもろの新法規、統合案、その他に関係し目のまわるような忙しさで随分と骨を折った。……しかし、私はこれらの仕事にたずさわるに際し、長年つづけてきた経理会計の勉強を遺憾なく役立たせることができ、かえりみてすこぶる満足を感じている。[2]

筆者は、大川博が鉄道省で経理マンとして一目置かれていたというその先で、資金の流れをどう見るか、それを国家経済という大枠から一組織の個別具体の事案に至るまで、厖大な実例を同時に、しかもつぶさに見ることができ、加えて自らもソロバンをはじくという実務に関わっていたという点が大きかったように思う。

先にも述べたように、統制令施行の少し前から、日本経済は直接金融から、現在に至るまで続く間接金融の移行へと大きく舵を切った。そこで行われようとしたことは、戦時体制ということはあったにせよ、資金の流れの管理、適正な配分、高額ではなくとも確実に利益を出しつつリスクを最小限度に抑えようという計画性の構築である。

そして、それを受ける形で諸法令が制定され、それらの動きや運用に直接関わり、戦時体制から戦後の混乱期に至る経済状況をまのあたりにした大川が、後に東映という企業の代表として社運を任されたとあっては、こうした経験が反映されないはずがない。大川博のソロバン重視の経営感覚は、鉄道省事務官時代に、すでに培われていたのである。

大川は、恩師というべき五島慶太が提唱した「予算即決算主義」、つまり予算を厳格に守り、予算がそのまま決算になるという考え方を東急電鉄時代に吸収しており、それを東映の経営で実践した。しかし、当時の経済界でも斬新とされた予算即決算主義を程なく理解し吸収、そして実践するには、その前提として、相応の見識と経験、つまりは鉄道省時代の経験あってのことであろう。

そして、その五島慶太との関わりができるのが、ちょうどこの頃である。大川は、五島にヘッドハンティングされる形で、23年に及ぶ官僚生活に別れを告げ、同じ鉄道界にあって、東横電鉄（現・東急電鉄東横線）という民間の鉄道事業者の一員として、経営に加わることになるのである。

五島慶太との出会いと大東急

大川博をヘッドハンティングした五島慶太は、1882（明治15）年4月18日長野県生まれ、1911年に東京帝国大学を卒業し農商務省に事務官として入省、翌年には鉄道院に移った。大川と同じ監督局勤務だったが、当時は大川とは仕事上のつながりはなかった。19

20（大正9）年5月、鉄道省を退官して、後の東急電鉄の一路線となる武蔵電気鉄道の常務へ転職する。

現在の東急電鉄は、東横線、田園都市線など合計8線区で営業しているが、1918年設立の田園都市株式会社の鉄道部門を分離独立した目黒蒲田電鉄（現・東急目黒線、多摩川線）が原型となった[9]。

それ以後五島は、役員を務めていた武蔵電気鉄道と目黒蒲田電鉄とを合併し東京横浜電鉄（東横電鉄）と改称、沿線の住宅地開発、大学の誘致、デパート建設（渋谷の東横百貨店は1934年11月開業）などを通じて鉄道の付加価値を高め、経営を軌道に乗せていく。この手法は、阪神急行電鉄（現・阪急電鉄）の小林一三[10]の方法と同じである。

加えて五島は、東京地下鉄道（現・東京メトロ銀座線の一部）など中小の私鉄やデパートを次々と買収し、第二次大戦時には、小田原急行電鉄（現・小田急電鉄）、京浜電気鉄道（現・京浜急行電鉄）と合併して、東京急行電鉄と改称した。東急はさらに敗戦直前までに、京王電気軌道（現・京王電鉄）、相模鉄道、江ノ島電気鉄道などとも合併し、いわゆる「大東急」を形成、五島はその総帥として君臨した。他に有無を言わせない強引な買収劇を次々と成した五島を人は「強盗慶太」と呼んだ。

大東急時代

大川が最初に五島慶太と面したのは、大川が鉄道省事務官時代の1935（昭和10）年5月頃、東横電鉄の会計監査に出向いたときで、大川に対応したのが東横電鉄専務の五島だった[1]。それから5年後の1940年7月、札幌市で開催された鉄道同志会の講習会での大川の講演を聞いた五島は大川を気に入り、東横電鉄入りを勧めたという[2]。

一方の五島は、自伝で大川との出会いについてはほとんど触れていない[11]。五島の大川への賛辞が見られるのは、後の東映再建以降である。五島が本当の意味で大川を認めたのは東映以後だと言えるかもしれない。

当の大川は、この時期ちょうど会社経理統制令の普及啓発のために全国を飛び回っていた。そこへ五島から東横電鉄入りを打診されたわけだが、さすがにそれをすぐに受け入れるほどの余裕は、当時の大川にはなかった。大川直属の上司である鉄道省監督局局長・佐藤栄作[12]からは「役所もいますぐ君を手放すわけにはいかない」と言われたという[2]。

結局大川が東急電鉄（42年5月に東横電鉄から商号変更）に移籍したのは、1942年12月1日だった。東急電鉄が「大東急」の時代に入ろうとしていた頃である。

大川博の五島慶太への敬意や謝意は深い。「強盗慶太」と呼ばれる五島について、「私を育て、私を生かし、そして私を通じて東映を生かして下さったのは、五島さんである。五島さんなくして、私も、東映も考えられない」と擁護している[13]。

東急電鉄に転職した大川に与えられた役職は、統制部長兼総務局次長だった。大川によれば、「当時の統制部長というのは、東急翼下にある傍系事業の統轄をする仕事で、その関係範囲はすこぶる膨大であった」[2]。

それはつまり、当時の東急が「大東急」として、小田急や京急など主要私鉄路線のみならず、多くのバス、タクシーなど陸上交通全般に渡って統合を繰り返して、その事業範囲は海外（台湾で紅茶製造を行う東横産業、中国大陸の武漢交通など）にも広がっており、それらを統括する大川の仕事は「すこぶる膨大」だったのだろう。

この大東急時代、大川は一つの仕事を成している。東急電鉄史や五島慶太の評伝[14、15]では、大東急の形成に至る五島慶太の辣腕ぶりが強調されているが、大東急への一本化に最後まで反対していた京王電鉄を合併させるための実交渉の場に出向いていたのは大川だった。大川は当時のことを、次のように回想している。

（合併できない）最大の原因は（京王）創立者井上篤太郎氏の反対にあった。そこでこの実現を促進するためには、どうしてもまず井上氏の了解を得る必要があり、そのためには、井上氏の片腕ともみられた柿沢篤太郎氏（後の神奈川県平塚市長）……から説得してかかるのが先決問題とされた。さて、このむずかしい大役を仰せつかった私は、平塚海岸の柿沢氏と、代々木八幡の井上氏の宅の十数回も足を運んで、文字どおりの大奔走をやったが、ついに十九年五月、ようやくその合同実現の運びにまでこぎつけたのである。〔2〕

もっとも、大川は別の回想で「柿沢氏の住んでいる平塚に四、五回、足を運んだ」「代々木八幡にあった井上邸へ柿沢氏と三度ばかり行った」〔16〕と述べ、交渉回数が大きく違っている。

もう一方の当事者・柿沢篤太郎は、この件について、次のように回想している。

五島慶太氏が運輸大臣になられた頃、京王へ合併してはと言う話が始まった。大川博氏が穴水清彦（後の相模鉄道会長）氏と私を招いて仲々たくみに働きかけた。……私は大川氏の話を聴いて、怒り心頭に達した。なぜならば、私は京王の使者として東横を買収に行く日を夢見ていた人間だからだ。〔14〕

柿沢の回想からは、大川の「通いつめた」というような仕事ぶりは、さほど感じられない。大川の自伝には少なからず脚色があることが、この例からも想像できる。それはつまり、とにかく仕事には一途で愚直で、大事業を成し遂げるには関係者に何度も通い詰めて説得し、人情を忘れない姿勢を「強調する」とでも言おうか。後の東映社長に就いた直後の借金整理や映画制作予算の厳密な管理ぶりの涙ぐましい大川の告白と、撮影所のスタッフからみた大川社長への冷めた目線とのギャップを思い起こさせる。

それでも、結果的に京王電鉄を含め、大東急は実現している。五島の「代理人」として、大川が大東急形成の最後の難題解決の一翼を担ったということは言えそうである。

大東急分割

1946（昭和21）年6月、五島慶太を含む東京急行電鉄の役員は総辞職した。敗戦直後に結成された労働組合から、賃上げに加えて「戦争責任者の追放」などを掲げられたことが主な理由だが、五島は、東條英機内閣（1941年10月−1944年7月）で運輸通信大臣を務めたことにより、47年8月、連合国軍最高司令官総司令部（GHQ）から公職追放されている（追放解除は51年8月）。

この間、大東急として巨大化した鉄道各線も、戦前までの元の各線に分離する動きを見せた。特に、旧・小田急、旧・京王の各組合員は分離を掲げ、旧・東急の経営陣は非分離派が多かった。その中で、分離による各社競争を掲げ、各社の意を汲んで分離案を作ったのも大川博だった。大川は「（分離案を）三日くらい家で徹夜してつくったよ。第一に、どういう基本線で分離するかという原則論をあげ、その原則論に適当するように事実を当てはめた。だから、あとで一つも文句が出なかった」と回想している[16]。

本当に3日で案を作ったかどうかはともかく、1948年6月までに、確かに各路線の分離独立は実現している。

大川は大東急分割・再編後も、東急電鉄の専務として地道に職務をこなすが、そんな大川の眼前に、東急グループの中でも札付きの会社がちらつきはじめていた。鉄道事業者のグループ企業としては、どう考えても不釣合いの映画会社・東横映画がそれである。

シブシブ引き受けた映画会社社長

「ボロダクションの三本立」とは、鉄道界から映画界に入ろうとした大川が口にしたブラックジョークである。莫大な赤字を抱えていた、東急グループ傘下の映画関連3社のことを指し、もちろんプロダクション（映画制作会社）をもじってのジョークだが、おそらく当時の大川は、それがジョークのままであってほしいと切に望んだことだろう。しかし、そうはならなかった。

東横映画

東急グループが手掛けた映画事業は、当初は映画制作ではなく、他社が制作した映画の興行だった。その役割を担ったのが、「東横映画」である。

満洲映画協会（満映）を経て東横映画に入り、戦後の東映設立にも関わる坪井與[17]と、東横映画と東映で多くの作品の企画に関わる渡邊達人は、共同執筆で「東横映画史」[18]という貴重なレポートを残している。

それによると、東横映画は1938年6月8日設立。渋谷・宮益坂に東横ニュース映画劇場を開館し、1943年までに合計7館を運営するに至った。しかし戦時中、強制疎開や空襲で全館を失い、敗戦直後に復活を期することになった。

東横映画の初代社長は、他ならぬ五島慶太である。五島が映画事業に参入したのは小林一三の影響が大きい。小林は1932年8月、東京宝塚劇場（現・東宝）を設立し、日比谷映画劇場などを開館した。当時東京で、大正期以来の映画の発信地だった浅草をおさえていた松竹に対し、小林率いる東京宝塚劇場は日比谷一帯をおさえたのである。

その小林が、五島慶太の庭とも言えた渋谷に阪急百貨店を進出するという話が五島に伝わり、五島はそれに対抗すべく映画館を設立、映画界に参入したと言われている[19]。しかし五島の評伝によれば、もともと五島が渋谷に持っていた土地の扱いに困って小林に相談した

図2　東横映画が戦後発行していた『東横ウィクリィ』（筆者所蔵）
図示したものは1947年発行。映画館で無料配布していたと思われる。当時の東横映画はまだ他社作品の興行をやっている時期で、小津安二郎監督『長屋紳士録』（1947）の案内も見える。

ところ、小林が映画館設立を提案、そこで五島は東横映画劇場を建設するが、開業間近になって映画配給体制の面で小林と対立、結果的に、何と劇場そのものを小林に売り渡すことになった。やむなく五島は、同じ渋谷の宮益坂に東横ニュース映画劇場を設立したという経緯だった[14]（図2）。

1946年2月、東急グループ再建の中で東横映画社長となったのが黒川渉三である。黒川は、戦前までの体制を復興しようとする中で、日活多摩川撮影所から満映を経て帰国していた根岸寛一[20]と、同じく日活・満映に在籍した牧野満男[21]に相談し、他社の映画を配給するだけではなく、自社の映画制作を目指すことになった。

根岸寛一は、東横映画の再生にあたって旧・満映スタッフを多く集め、後の東映にまで影響を及ぼした影のキーマンだった。そして、当時結核を患い体調が優れなかった根岸に代わって、映画制作のノウハウを抱えて初期の東横を支えた一人が牧野満男だった。

敗戦直後の段階で、日本映画界は、松竹、東宝、大映の大手3社（これらの3社がそれぞれ配給網を有し、「3系統」と呼んでいた）が存在したが、それら3社の復興が思ったほどに進まない中で、「娯楽に飢えている国民の心の糧として映画製作に乗り出すこと」「大陸より引き揚げて来る映画人を救済し、職を与えること」という2点が、根岸寛一らが決めた、東横映画が映画制作に参入する際の方針だったという。

映画制作を行うならば、まずは撮影所、そして自社映画の配給網の整備が必須であるが、東横が最初に手をつけたのは、ニュース映画と文化映画事業だった。

1947（昭和22）年1月、東横映画内に「開発部」が設置され、満映時代から満洲の農村各地での映画上映経験のあった根岸寛一の発案で、全国農業会[22]と提携、日本全国の農漁村で映画を移動上映する「全農映プラン」を開始した。

ここで移動上映された映画は、16ミリ化された既存の劇映画、ニュース映画、文化映画（主に短編の記録映画、子ども向けを含む科学・教育映画など）だった。これは、敗戦後の娯楽に飢えた人たちを意識したということ以上に、地方の農山村という、映画興行の空白地帯の市場開拓とも捉えられ、「既成三社の全く考えつかなかった新分野で、戦後間もない日本の社会状況の中では誠に時機に適した施策」[18]となった。こうした東横時代からの短編映画への取り組みが、後の東映の「教育映画部」設立につながり、さらには、東映教育映画部と日動映画（東映動画の実質的な母体となったアニメーションスタジオ）が接近、東映動画設立につながったという指摘がある[19]。

肝心の撮影所と、制作した映画の配給体制については、京都の大映第二撮影所を3年の期限つきで借用すること、その3年間には年12本の劇映画を制作すること、その作品は大映の全国チェーンに配給すること、撮影所長には牧野満男が就任することとなった。

これで映画制作の目処がつき、第1作『こころ月の如く』（稲垣浩監督）は1947年9月16日に封切られた。第3作『三本指の男』（松田定次監督）では、戦前以来の日本を代表する時代劇スターであり、後の東映時代劇でも活躍する片岡千恵蔵[23]が主演するなど、スタートは順調にみえた。しかし、配給は大映チェーンであり、しかも、大映は配給による収入を、東横側からみて不当な安価で東横に支払っていた。東横は赤字が累積し、後に関連3社が合併して発足した東映が抱えた赤字は、ここに始まっている。

東横社長の黒川は大映に、（東横から見て不当に安い）配給収入の分配という形ではなく、最低保証金つきの作品買取り制を提案するが、大映はこれを拒否した。ここで、東横映画の債権者だった東急電鉄の代表として、当時東急専務だった大川博が登場する。大東急の形成と再分割との双方で調整役となった大川が、またも調整役を担ったのである。

そして、大川が大映社長の永田雅一[24]と交渉し、大映は東横映画の負債の一部を肩代わりし、配給歩率を引き上げる（東横75％、大映25％）など、東横にとってかなり有利な結果を得た。代わりに、大川博が東急専務のまま、東横の経理を監督するという条件がついた。映画史の中で大川が最初に現れるのは、彼の大映とのこの交渉の場である。

ただし、大映との一連の経過について、大川博は、ほとんど何も語っていない。東横から東映成立に至る重要な場面であるし、生粋の映画人2名が書いた「東横映画史」も、大川のこのときの仕事ぶりは好意的に伝えているのに、なぜ大川は沈黙したのか。

もう一方の当事者、永田雅一は、次のように回想している。

東急で専務をしていた大川博氏が『自分が入って整理する』といってやってきて、名前も東映と変えて、今日の立派な会社になった。つまり私が京都の撮影所をただみたいな家賃で貸してやって始めたのが、東横映画をつくる動機だったのである。[25]

東横映画の直営館が出来るようになると、大映に月一本づつ（ママ）売っていたのでは採算がとれない。借金はできる。東急もかなりの金を注ぎこんだ——これじゃあいけない、ということになった。月に二、三本撮って、独立してやっていきたい、と大川君がいってきたので、私は気持ちよく、東横映画との契約を解消したんだ。[26]

永田の回想からは、「東横映画史」による大川博との交渉状況は見えず、「永田ラッパ」と言われた放言が目立つ。大川博にとって大映との交渉劇は、これから約2年間の東映設立への道筋の一挿話に過ぎず、特段語るほどのものではなかったのかもしれない。

大映との交渉がまとまって、東横映画はしばらく大映へ映画提供を続けるが、もはや東横独自の配給網が必要との考えは高まるばかりで、1949年9月、配給事業専門の東京映画配給株式会社（東映配）が新設される。社長は当時すでに東横映画社長を退任していた黒川渉三、専務には大川博が入った。東宝系、松竹系、大映系の3系統に次ぐ「第4系統」として、東映配が参入したことになる。しかし、系列の映画館の数は少なく、収益は伸び悩んだ。さらにこの時期、思わぬ事態に直面する。それは、東宝争議による東宝の分裂、そして新東宝の設立による「第5系統」の誕生である。

東宝争議とは、1946年3月から48年10月にかけて、東宝の労働組合員が起こした大規模なストライキ、撮影所の占拠などの一連の騒乱である。この最中の47年3月、一部組合員が東宝を離脱して設立したのが新東宝である。新東宝も自主配給の道を選び、49年3月から自主配給を開始、第5系統となった。

新東宝設立による影響を最も受けたのが東映配で、以後、興行成績は悪化し、東映配へ映画を供給していた東横映画も映画制作資金の不足が続いた。結果として、東映配も東横映画も、赤字は増加の一途をたどるという悪循環に陥った。

東映配の発足後になると、大川博は饒舌になってくる。負債を抱える東横映画と太泉映画（1947年10月設立の東急系映画制作会社）、そして東京映画配給の3社による「ボロダクションの三本立」を、次のように回想している。

こうしたモタつきの一年半か二年足らずの間に、東横は今まで五、六億であった借金が七億にふえ、太泉も東京映画も額こそちがえ、まずは同じ歩調で、ついに三会社を合わせた総負債が十一億円、帳簿上は何んとかおっつけても、不良資産が八億円に達するというていたらくとなった。とにかく、すばらしい赤字会社の一大集団が出来たものである。……私はこの三社のうちどこの代表責任者でもなかった。当時はずっと東急の専務で、映画のことはサッパリ何も知らない。ただ映画事業はひどいドラ息子のようなもの、はやく何んとか身を固めさせなければエライことになるとあせっていたにすぎない。[1]

こうした中で、東横映画の代表作とも言える作品が、1950年6月15日に公開される。『日本戦歿学生の手記　きけ、わだつみの声』（関川秀雄監督）である（図3）。学徒出陣で戦死した学生の遺稿集をもとにした反戦映画で、戦後トップの配給収入を得た。

スター級の役者は出演していないし、また物語も地味な映画だったため、当時すでに東横映画の企画に大きな影響力のあった片岡千恵蔵は、当初は映画化に猛反対したという。それを押し切る形で映画化を実現した立役者が、東横映画入社2年目の新人で、後に、急逝した大川博の後任として東映社長となる岡田茂[27]である。

図3　小冊子『東横映画』創刊号（1950）（筆者所蔵）
『きけ、わだつみの声』特集。牧野満男や監督の関川秀雄らのコメントが掲載されているが、東横映画ではこれ以前にも同タイトルの冊子を刊行しており、各々の関連性は未詳。

敗戦直後、東京大学経済学部卒業と同時に東横映画に入り、戦時中は学徒動員による多くの戦死者を見てきた岡田は、「こういう話を後世に残さなければ、戦死した学友たちが浮かばれない」という思いで映画化を実現させたというが[28]、大川亡き後に大規模な合理化を進めた岡田が映画史に登場する、これが最初の出来事となった。

東映の設立

しかし、たった1作のヒットでは、いわば焼け石に水で、東映配を含む3社の経営状況は好転しなかった。ここで、関連3社を合併し、新会社を発足させる案、つまりは東映設立が具体化することになる。設立日も１９５１年3月31日と決まったが、肝心の社長がなかなか決まらなかった。

ここに、五島慶太が登場する。大川博の東映社長就任を強力に後押ししたのが五島慶太だということはすでに述べたが、五島は、当時のことを次のように回想している。

> 昭和二十六年三月、名称も東映株式会社として出発することになった。合併案をつくらせた大川を社長にすえた。大川は数字にあかるい。だから、社長は大川にさせようときめた。大川ははじめはなかなか承知しなかった。それをシブシブ引き受けさせたものだ。
>
> このときは、私も背水の気持であった。こんなボロ会社には、だれだって金なぞ貸しはしない。貸すのは高利貸ぐらいなものだ。東急の保証ですら、もはや借（ママ）せないといわれる

ところまできていた。[29]

3社合併による東映が札付きの赤字会社ということは、大川も五島も認めているわけだが、大川は「映画のことはサッパリわからない」、五島は大川に東映社長を「シブシブ引き受けさせた」としているから、実質的には五島が会社再建に舵をきったことになる。

経理のエキスパートである大川を社長に据えて再建を期すというプランをもって、五島が大川を説得したシーンは、大川自身によって次のように伝えられている。

昭和二十六年の二月某日、私はオン大の五島慶太（東急会長）さんに呼ばれた。いつものおっかない顔がいっそうおっかなくみえた。

「どうだ、腹はきまったか」

腹というのは、前々から話のあった東映社長就任の件である。私は即答出来ずにもじもじしていると、五島さんはどなった。

「おい、その返事が聞きたいんだ」

しかられることは、もうなれっこで、なんともないのだが、いまのいままで、私にはその返事をどうするか、まだ腹が決っていなかった。

「どう考えても、私のガラではないようでして……」

「馬鹿なっ、冗談をいっちゃいけない！ガラに合うの、合わんの、そんなゼイタクがいえる場合じゃないんだ。君が引き受けんで他のだれが引き受けるか。僕だって君に押しつけなくて、だれかに押しつけられるもんじゃない。そもそもの行きがかり上、その責任を果す意味からいっても、君がツベコベいわんで引き受けるのが当然だ。この際どうあっても引き受けろ」[1]

しかし大川は、この場でも社長就任を決心できなかった。

「昭和二十六年の二月某日」というのは、東映が正式発足するまで2ヶ月もない。それに、五島慶太も最初から大川のみに声をかけていたわけではなく、藤田興業（現・DOWAホールディングス）社長の小川栄一、日本興業銀行（現・みずほ銀行）副総裁の二宮善基らに交渉したが、東映が引き継ぐ累積赤字を前にして、首を縦に振る者はいなかった。そして、人選に悩む五島に大川を薦めたのが小川栄一だったという。

後に小川栄一は、「私がやるとどうもロケーションの中の一人になっちゃう。しかし、あなた（五島慶太）のところの大川さんがやれば、必ずそれを一つの形に作っていけますよ、ほかの人じゃダメだ」と五島に進言したことを明かしている[30]。

ただし、五島が大川を一喝したのは一度きりの場ではなく、関連3社合併が決まった前年秋ごろから、五島は大川に何度か社長就任を打診していたようである。五島によれば、3度目の説得の場で「御命令ならば引き受けましょう」と大川は承知したという。しかも、「彼(大川)はこの二ヵ月間、三社の状態を徹底的に調査し、併せて映画事業の将来等についても調査していた」のだという[14]。

大川が五島から「馬鹿なっ!」と一喝された最終通告の後、おそらくしばらく経ってから、大川は「御命令ならば」と社長就任を承諾したのだろう。

注目すべきは、大川が東映社長就任前に既存3社や映画事業の将来等について調査していた、という点である。これは、大川自身も次のように回想している。

> 私は就任に先だち、東映の経営状態に関するいろいろな資料を集めまして、約二カ月間にわたり、特に製作コストの面と、マーケットの状況及び配収予想の面とからこれを研究したのでありますが、その結果、業務の運営には十分合理化の余地があり、これを行えば、必ずや経営は成立つであろうという結論を得ました。[31]

自分は経理屋、鉄道屋であり、映画界に入ってもうまくいきそうにないと考える一方で、

「映画製作は専門の製作者がいる。配給は専門の配給者が担当する。宣伝には宣伝の係もある。しからばあとに残る最重要部門は何か、経理である」[1]と、彼なりの理念を組み立てた。それに、社長就任承諾前の2ヶ月をかけて、映画事業の将来を金銭面からシミュレーションしていたことなど、いかにも大川らしいではないか。

1951（昭和26）年4月1日、大川博は、東映本社の社長室に入った。

パ・リーグ初代会長就任まで

日本のプロ野球の人気は、読売ジャイアンツのV9時代など、かつてに比べれば低迷しているように思えるが、女性ファン専用の列車の運行、仕事帰りのサラリーマンが試合途中から入場しやすいようなチケットの販売など、各球団が新しい観客の取り込みにアイデアを絞っていることもあり、球場の観客席は盛況である。

そうしたプロ野球史にも、大川博は名を残している。ここでは、日本のプロ野球黎明期から、大川博がプロ野球界に参入するまでの道筋を追いたい。

東急フライヤーズ

日本のプロ野球史は、1936（昭和11）年2月5日、現在の日本野球機構の前身にあたる日本職業野球連盟の発足に始まる。ただし、日本では以前から、1915（大正4）年に始まった高校野球（当時の中等学校野球大会）や、1925年に始まった東京六大学野球など、アマチュア野球が先んじており、人気を集めていた。野球という「娯楽」を職業（プロ）として行うことへの、市民の冷めた目線もあったようだが、1931年と34年に来日したアメリカ・メジャーリーグ選抜チームと日本選抜チームとの試合（日米野球）は、プロ野球誕生の機運を高める上で大きな役割を果した。この日米野球を企画したのが読売新聞社社長の正力松太郎[32]で、これ以後、読売は日本のプロ野球に常に影響力を発揮するようになる。

そして1936年、東京巨人軍（現・読売巨人軍）、大阪タイガース（現・阪神タイガース）、名古屋軍（後の中部日本ドラゴンズ、現・中日ドラゴンズ）、東京セネタース（後に消滅）、阪急軍（後の阪急ブレーブス、現・オリックスバファローズ）、大東京軍（後の松竹ロビンス、さらに大洋ホエールズに吸収合併、現・横浜ＤｅＮＡベイスターズ）、名古屋金鯱軍（後に消滅）の1リーグ7球団で始まった。

野球が「敵性スポーツ」とされた第二次大戦を挟んで、1946年春には8球団によるリーグ戦が復活した。この8球団の中のセネタースが、同年末、東急に売却されて、東急フライヤーズが発足したのである。当時は大東急時代だった東急は、敗戦直後の混乱期、「社員の慰安と士気の鼓舞を目的として」球団を設立したという[9]。

大川博は、「子供のころのピンポンを少し語っただけ」というほどスポーツには関心がなかった。しかし大川は、東急フライヤーズ設立から急映フライヤーズ（大映と合併後の名称、後述）への改組、そして東映フライヤーズに至る道筋を、自伝で、かなり詳細に書き残している。

大川博のもとにセネタースの買収話が持ち込まれたのは、1946年10月だった。大川はその話に「霊感」を感じたという。戦時中の空爆によって焦土と化した東京の街の中で「神宮の森が、焦土でまばらな東京の街にくっきりと浮かび上が」り、「いまの人たちに一番必要なものは、あの緑のカラーじゃないか。プロ野球がすさんだ気分を一掃して、人びとに緑のうるおいを与えてくれるならば」[33]と、大川は考えた。

大川がこのようにプロ野球の存在をイメージしたのには理由があった。

敗戦直後から日本の統治に入った連合軍総司令部（GHQ）による重要政策の一つが日本の民主化、そしてその象徴としての労働組合の育成だった。これにより、戦時中まで国家による弾圧下にあった労働運動指導者やその組織が一斉に活動を活発化させ、敗戦後数年という短期間で、各組合は労働環境や賃金の向上を名目に激しい労働運動を起こした。映画界では、「来なかったのは軍艦だけ」とまで言われた東宝争議が起きたのも、この頃である。大川が所属する東急電鉄も例外ではなく、大川は次のように回想している。

当時の東急も労働攻勢の激しい時代だった。一万四、五千人もの従業員を擁する東急は、戦後急激にひろまった労働攻勢の伸びる〝場〟として、絶好だったかもしれない。ちまたには赤旗がたなびき、労働歌がみちみち、共産革命がすぐそこまできている錯覚すらあったときである。こうした事情を考えたとき、私は心にきめた。「よし、プロ野球をやろうじゃないか……」[33]

つまり、東急の組合運動の激化によって組織の維持に支障をきたすとも思われてきた中で、自社のプロ野球球団を持つことで、「従業員の先鋭化している気分も和らげることができるのではないか」（大川）、さらには組織の一致団結を目論む、といったところが、球団買収の背景にあった事情である[34]。

東急球団のニックネーム「フライヤーズ」命名者も大川博である。Fliers＝飛躍するものをイメージし、「新らしい出発に、飛躍を期する意味で〝フライヤーズ〟にしよう」[33]

1947年、球団設立1年目の東急フライヤーズの成績は、全8チーム中6位だった。その後、1949年のシーズンオフには、戦前以来1リーグ制だったプロ野球が2リーグ制に移行するという、日本のプロ野球史上最大の転機を迎えるのだが、それまでのわずか3年間にも、東急フライヤーズは紆余曲折を繰り返した。

まず、中部日本ドラゴンズから離脱した選手を抱えた大映の永田雅一が新球団設立の準備を始め、その新球団へフライヤーズを売却する計画が東急内で練られた。球団設立1年目にして、すでにフライヤーズの赤字が目立ちはじめていたことが理由だった。

しかし、売却話をまったく知らなかった大川博は憤慨し、「わずか一年で、野球経営が赤字だ、それでやめましょうでは、東急の信用にかかわる」「東急フライヤーズは、（東急1万5000人以上の従業員の）心のよりどころになっている」[33]と説得して、売却話は消滅した。

ただ、宙に浮いた格好の大映側の選手を放っておくことはできず、1948年シーズンは、大映と東急の「合併」という形で、「急映フライヤーズ」というチーム名で迎えた。

チーム成績は相変わらず低調で、球団設立2年目は8チーム中5位。シーズン終了後には、永田雅一が新たに球団「大映スターズ」（後の大毎オリオンズ、現・千葉ロッテマリーンズ）を設立し、急映フライヤーズは1年で解消、東急フライヤーズに戻った。

この間、大川博は東急球団の経営には直接タッチせず、球団の親会社・東急電鉄の専務

（経理担当）として、球団経営をアドバイスするにとどまっていた。しかし、経理屋の大川が、球団の赤字体質が気にならないはずがなかった。初年から赤字を抱えた東急球団について、東急社員の「心のよりどころになっている」とセンチメンタルな一面を語りながらも、「とても経営のソロバンが合うわけはなかった」「大映に売りのはなしがあったとき、つっぱねた私だが、なんどかチームを売ろうと思ったことがある」と回想している[33]。

そうしたなかで、1リーグから2リーグ制への移行が発表される1949年を迎える。

2リーグ制へ

日本のプロ野球2リーグ制は、1949年4月のシーズン開幕直後、正力松太郎が「二大リーグによる対抗」を提唱したことで、具体化することになった。ただ、正力の当初の構想では、いきなり2リーグ制をとるのではなく、当時8球団だったリーグに2チームを新たに参加させ、合計10球団による1リーグ制、その後適切な時期に2リーグに分割、というものだったとされる。というのも、48年の既存球団の代表者会議で「八球団制を守り、新球団の加入は認めない」ことが確認されていたからである[35]。

しかし、2リーグ構想が明らかになるや、続々と新球団加盟の動きが起こり、また8球団制堅持の立場から、2リーグ制に反対を唱える既存球団もあった。

とりわけ2リーグ制に反対していた読売は、新球団加盟による各球団の収益減を嫌い、やはり2リーグ制に消極的だった大阪（阪神）を味方につけ、既存の1リーグをいったん解体し、各球団の自由意志によって新たに2つのリーグを組織するという荒っぽい方法を提案した。結果的には2リーグ制が成立したのだが、それは「成立」ではなく、各球団の立場や考え方によって、「分裂」とも「分立」とも言われるものだった。

こうした経緯で誕生したのが、セントラル・リーグとパシフィック・リーグの2リーグである。読売と大阪は当然のように同一のセントラル・リーグに入り、既存球団としては松竹ロビンスと中日ドラゴンズが加入、新設の4球団も加入した。それが、大洋ホエールズ、西日本パイレーツ（翌年西鉄クリッパーズと合併）、広島カープ、そして国鉄スワローズ（現・東京ヤクルトスワローズ）である。実に8球団という大所帯だった。

一方のパシフィック・リーグは、既存4球団（南海、阪急、大映、東急）に加え、新設の毎日オリオンズ（現・千葉ロッテマリーンズ）、西鉄クリッパーズ（現・埼玉西武ライオンズ）、近鉄パールス（後の近鉄バファローズ）が入り、合計7球団となった[36]。

パ・リーグの誕生と会長就任

さて、こうしたプロ野球界の激変に、大川博はどう関わったのか。

2リーグ制への動きが表面化して、新規加入の球団が相次ぎ（大川によるとNHKや小田急も参入の動きを見せていたという）、一方で読売巨人を筆頭とする2リーグ反対派の巻き返しもあって、球界全体が予断を許さない状況となった。そこで大川は、2リーグ移行組にあった東急球団側の意向を受けて、球団の「顧問」という肩書きで、49年8月から球団の代表者会議に出席するようになった。

その後の展開は、すでに述べたとおりで、2リーグ制移行を前提とした新規球団加盟賛成派と反対派の攻防を、大川も目の当たりにしている。ただし、最終的には賛成派球団と反対派球団が4対4となり、いわば膠着状態、2リーグ分立が決まった同年11月26日の顧問・代表者会議では「議事はむしろスムーズであったといってよい。4対4の平行線が絶対まじわらないのだから」と、大川は皮肉を述べている[33]。

そしてこの直後、新リーグ、すなわち太平洋野球連盟＝パシフィック・リーグが設立され、この場で、大川は初めてプロ野球での公式な役職に就くことになった。初代パ・リーグ会長がそれである。大川は、会長就任直後のことを「会長職は輪番制であったが、山積した問題がある。ことに二リーグに分裂したため、選手引きぬきの泥試合が、各所で展開されることになった」と回想している[33]。

もともと1リーグ8球団だったプロ野球が、突如2リーグ15球団という、ほぼ2倍の球団数になったのである。新球団では主力となる選手がまったく足りず、既存球団との選手の引き抜き合戦が生じるというのは当然の成り行きだった。2リーグ分立が決定した49年の暮れから翌50年の3月まで、大川はセ・リーグ初代会長の安田庄司（当時、読売新聞社副社長）との会談は「七十回以上も重ねられ」「結局は〝引きぬかれた選手はしょうがないではないか〟ということになり、そのかわり、そうした選手に見合ったトレード・マネーで解決しようとなった」という[33]。

日本野球連盟の会長を経て、1952年から84年まで実に32年間の長期にわたってセ・リーグ会長を務めた鈴木龍二[37]は、戦前から戦後にかけてのプロ野球史に関する貴重な証言を残している。

それによると、選手の引き抜き合戦の様相は、ほぼ大川の回想どおりで、50年3月、「安田、大川の両リーグ会長が会談した結果、トレード・マネーによって解決することになって、金銭で始末をつけた」という。この会談の場には鈴木も立ち会っており、「選手一人ずつの評価額を決め、とられた選手、とった選手を計算して、差引きどれだけ払うか金額を出す」ということになり、さらに次のように回想している。

大川さんがそろばんを持ってきた。そろばんでパチパチやる。さすが東急の経理部長だと感心したものであった。当時選手一人の評価は四、五十万円くらいのものであった。阪神は、毎日との間で独自に解決していたので、この会議で決着をみたのは、阪神と毎日を除く他の球団である。[35]

1950年4月、2リーグ制によって日本プロ野球は開幕したが、パ・リーグの東急フライヤーズは、引き抜き合戦で主力選手数名が抜け、パ・リーグ1年目にして首位打者のタイトルを獲得した大下弘[38]を擁しつつも、7球団中6位という結果となった。

輪番制をとったため、大川のパ・リーグ会長職はわずか1年だったが、大川は忘れられないこととして、現在も続く「日本シリーズ」の実施を挙げている。大川は「いまはもう〝常識〟とはなっているが、当時では、両リーグ間の険悪な空気を考えると一つの英断ともいえた」と回想している[33]。

この後、東急フライヤーズは、1953年まで連続でパ・リーグ6位と低迷し、1954年、親会社が東映に移って「東映フライヤーズ」となってからも低迷を続ける。しかし、1962年、ついにリーグ初制覇、阪神タイガースとの日本シリーズでも4勝2敗1分で制し、日本一のタイトルを獲得した。いったんは球団経営から離れた大川博も、この頃には球団社長の座についていたが、東映フライヤーズ以後については第3章で述べたい。

第2章　倒産寸前からトップ企業へ
――東映の躍進

東映の発足と再建

1951（昭和26）年4月、既存3社を合併する形で東映株式会社は発足したわけだが、設立時の負債は、旧会社（東横映画など）の社員らへの未払い賃金や未処理の手形などを含めると、実質的には11億円近くに達したという[1]。対して資本金は1億7000万円、債務超過どころではない。

こうした危機的状況で、大川は、当面の負債の返済を待ってもらうために債権者には何度も頭を下げる一方で、撮影所には極端な緊縮予算を突きつけるという、まったく別のキャラクターを同時に使い分けることになった。

まず、負債の返済についてだが、債権者のうち、東映の親会社である東急や取引銀行からの借入金の返済は、何度も頭を下げれば多少は後回しにできる。問題は、高利貸からの借入金である。撮影所は、現場を動かすための資金を本社の予算によらず、高利貸からまかなっていたのである。この高利貸からの借入が、東映を瀕死の借金漬けに追い込んだ元凶だった。

大川は高利貸に対して、借入の元金は保証しつつ、高利による過払い金を指摘して、「このままでは、会社がつぶれてしまう。そうなれば、君の方だって元も子もなしだよ。この手形を生かすには、なんとしても会社を生かすように協力してくれなくっちゃ」[2]などと持ちかけ、利息の大幅な値引きを図った。

次に、撮影所である。大川は、東横映画以来の撮影所の経営感覚の欠如と、その場しのぎの積み重ねが、新会社の東映が抱え込んだ負債の根源であるとして、映画制作よりも何よりも、撮影所の体質を変えようとした。

この世界では約束を守ることをあまり気にしない。几帳面をきらい、おおむね経済的にもルーズな面が多い。金があれば気前よく使うし、宵越しの金を持つことをいさぎよしとしないふうがある。自分の金だけでなく、金銭一般の取扱いにおいて散漫で、予算を守るとか、帳尻をキチンと合わすとかいうことには、無関心だった。[3]

大川の嘆き節である。彼が、五島慶太から東映社長への就任を持ちかけられたもののそれを渋り、2ヶ月かけて映画制作の「経理上の」ノウハウを自分なりに研究したのは、まさにこうした点だった。そして、そんな体質を変えるために実践したことは、当時の撮影所にとっては冷徹極まるものだった。

それが、「予算即決算主義」である。あらかじめ積算された予算を厳密に執行し、制作中の不意の支出を許さない、結果、以後の東映での映画制作は「1本1100万円」という予算枠の死守を現場＝撮影所へ求めた。具体的には、作品1本当たりの制作予算を1500万円（直接費1100万円・間接費400万円）以内、宣伝費を平均250万円とし、配給収入3000万円、というものである[4]。制作現場の直接経費＝1本1100万円という予算は、当時の映画界にとっては非常識ともいえる安さだった。

当の京都撮影所（京撮）の企画部門にいた渡邊達人は「負債の棚上げと高利の借金の低利への切換えに大川社長は全力を尽した」と、大川に対して一定の理解を示すも、次のように回想している。

大川社長を始めとする東急より派遣された幹部には東横映画の京都撮影所は湯水の如く金をつかう放蕩のどら息子の様に映ったようだ。所長を始め部課長が走り廻って借金して、撮影所の火をたやさずに今日まで来た努力に対しては、その結果たまった借財の厖大さに対して小滝（顕忠）専務を始め乗り込んで来た東急幹部は味噌も糞もひっくるめて、すべて放蕩の限りと断罪した。我々には小滝専務は時代劇の悪代官に見えた。[5]

撮影所（京撮）としては、毎月の制作本数を守り、作品を配給網に乗せることが使命である。その一方で、経営状態が悪化の一途をたどっていた本社（東横映画）からの送金が途絶えがちで、撮影所の面々はあらゆる金策を講じて走り回っていた。彼らにとっては、配給網を維持してきたことが何よりの誇りであり、それをいわば全否定されたような大川サイドの決定だったわけだ。

しかし、どんなに撮影所から抗議や懇願があろうとも、大川は一歩もひかなかった。渡邊からすれば、「悪代官」は、むしろ大川のほうであろう。いや、大川から差し向けられた東急幹部が「悪代官」なら、大川は「暴君」といったところか。

一方の大川の理屈は、こうである。

一千一百万円の数字は一応のデータによったものであるが、芸術的に行こうと、非芸術的に行こうと、それは製作部のねらいにまかすとして……例外なしに、一千一百万円を超ゆべからずとぴしっと決めた。……金で足りない部分は、諸君の創意工夫と熱でおぎなってくれ給え……。

……素人よりコワイものはないといっても、数字には私も素人ではない。むしろ社内切ってのエキスパートですらある。一千一百万円の製作費値切り倒しも、過去の製作費を詳細に調べ上げて、ここにこういう冗費があり、ここにこういう節約の余地があると押えてかかったのであるから、決してやってやれない予算を作ったのではない。[2]

対する撮影所は、1100万円では片岡千恵蔵や市川右太衛門らスター主演作品は作れない。その一方で、映画館主は撮影所にやって来ては千恵蔵映画、右太衛門映画を作ってくれと直訴してくる。どうやって映画を作れというのか、と反論する。

当時の京撮所長の長橋善語は大川に「送金しなければ映画は渡さない」とまで迫ったが、大川は態度を変えなかった。京撮は、頑強に1100万円しか送金しない本社を尻目に、300~400万円を上乗せしながらスター主演映画を制作しつづけ、ついには、交通費を節約するため、近場のロケ地には極力歩いていく、といった倹約を強いられたという[5]。

全プロ配給

こうしてみると、大川が現場の立場やプライドを無視して再建計画を断行したかに見えるが、東映の再建は、必ずしも大川の独断独善だったわけではない。創立直後の東映では、2つの組織が再建計画遂行に当たった。

一つが「企画審議会」で、映画の企画から宣伝方針に至るまでを審議・決定する、本社の最高意思決定機関といえるものだった。この審議会は、委員長こそ大川が務めたが、東横映画時代からの企画・制作責任者だったマキノ光雄が入っていた。京都と東京とにそれぞれ撮影所を有していた東映にとって、撮影所の企画・制作の統制は重要な課題だった。再建途上の東映は、社長の大川が緊縮財政策をとりながらも、映画の企画・制作そのものは、映画のプロのマキノが責任者となったわけである。

もう一つが「臨時再建委員会」で、3社合併前の負債の処理を担当する組織だった。負債の処理について、大川は自伝でさまざま述べているが、この委員会の委員長は伊藤義[6]で、京撮の渡邉達人も、財政立て直しにあたっては「再建委員会委員長にされた伊藤義の活躍も功績大であった」と回想している。

さらに、再建途上の東映にとってきわめて重要なのは、借金の返済処理もさることながら、制作した映画を高く売る、ヒットさせる、それによって多く稼いで借金を返済し、余った資金を映画制作費に投入、よりよい映画を制作し、さらにそれを高く売るという、好循環に持っていくことだった。そのためのキーとなったのが「全プロ配給」だった。

全プロ配給とは、自社の配給網で上映する作品を、すべて自社作品とするものである。新設の東映、さらに前身の東横映画では、自社の配給網をもっていたが、自社作品のほか、他社作品（例えば大映、東宝などの作品）も配給網に乗せていた。理由は単純で、自社の配給網をすべて埋めるほどの作品制作能力が、当時の東映にはなかったからである。

しかし、自社の映画を高く売り、効率的に利益を上げるためには、配給網をさらに整備して、より多くの観客を集めつつ、そこで上映される作品はすべて自社作品とする、つまりは全プロ配給への移行が早道だった。発足直後の東映は、東宝と配給提携していたが、全プロ配給の選択は、東宝との提携を解消して、毎月平均4・2本の映画を確実に自社制作するという、過酷なスケジュールを意味していた。

もっとも、東宝との配給提携は、東映の映画制作能力の低さを穴埋めするという事情はあったにせよ、両社のカラーの違い、つまりは、徹底的な大衆娯楽路線の東映と、都会的でハイセンス、どちらかというと観客を選ぶ傾向にある東宝との違いを考えると、どだい無理な提携だった。カラーの違う映画を一つのプログラムに組むのは、興行主（映画館）にとっても悩ましいものである。結果、発足から1年経たない1951年12月に全プロ配給の道を選んだ東映としては、必然的な方向転換だったといえる。

こうした動きに、大川博は社長として関わり、決断していたとしても、その方向性は当時の日本映画界の流れに則ったものであり、決して大川の独断独善の所作をそこに見出し、単純に批判するには当たらないはずだった。何より、当時の撮影所の慣例のまま映画制作を続けていたら、あっという間に東映は倒産していたのではないか。大川のやり方は、当時の映画業界の非常識であったかもしれないが、会社組織再建策としては真っ当な、常套手段だったのではないか。

しかし撮影現場は、そうは受け取らなかった。自分たちの親分・マキノ光雄を「製作担当として御膝元の本社に釘付けにしてその自由を束縛した」（渡邊）と憤慨した。また、当時の京撮には労働組合があり、これも企画から人事に至るまで、本社（大川）と激しく対立していた。


大川は、いわば「目的」と「結果」のみ見ており、「経過」にあたるこうした撮影所の状況は見ていない。再建と安定経営という「目的」を果たすための「結果」、この場合は数字を示し、その数字＝結果に至るまでの「経過」、つまり映画制作は、現場に任せる。

しかし、任された側の撮影所の苦悩も十分傾聴に値する。ただ単に安く作るだけなら、粗製乱造になってしまう。だからこそ、どれだけ多くの観客を、それも東映の固定客として集め、配給収入の増加につなげるかが、より重要だった。この点については、大川の意図と撮影所の意図とは完全に一致する。

そのためには、収益効率の悪い東宝との提携を、どうしても見直す必要があったのだ。東宝は、立場の弱い東映の現状を見透かすかのように、東宝の直営館からの東映作品の締め出しや、東映の営業部門の東宝への一本化まで提案しはじめた[7]。こうなると、東映の取る道は、他社への身売りか独立採算かの二者択一になるわけだが、独立採算の道はあまりにも険しすぎる。そこで、東宝への身売り、あるいは東宝から分離したばかりの新東宝との配給提携の道を歩むのではないかというのが、当時の映画界でのもっぱらの噂だったという[1]。東映創立の、まだ1年目である。

そうした状況の中で、東横映画時代からの過去の問題点を徹底的に洗い出し、どうすれば再建できるかを数字でつかんでいた大川は、独立採算、すなわち全プロ配給の選択肢を取ったのである。東映を残す、という前提に立てば、選択肢はこれしかなく、実際、翌年以降の東映の急速な業績回復を見れば、大川の決断は正しかったとするしかない。

そしてここに、おそらく大川のソロバンにもなかった大きな変化が、映画界に到来する。それが、時代劇映画の制作制限撤廃（51年8月）だった。

時代劇と快進撃

第二次大戦敗戦直後、GHQ傘下の情報頒布部（IDS、後の民間情報教育局＝CIE）から、「封建的忠誠及び復讐の信条に立脚する」映画や演劇は、戦後の日本の民主化に悪影響を及ぼすとして、時代劇映画の上映（戦前に制作されたもの）を禁止する措置がとられた。武士らしさの象徴でもある切腹や、主君や親の敵を討つ復讐・仇討ちなどはもちろん、クライマックスを盛り上げるチャンバラシーンなど、時代劇によくある描写は前近代的であり、民主主義に反する危険な思想だと、GHQは断じたのである。

新作についても、事前に脚本をGHQ（1951年6月以降は映画倫理規程管理委員会＝映倫）に提出し、事実上の検閲を受けなければならず、また制作本数も年単位で制限が課せられた。

ところが、アメリカによる占領政策の終了（サンフランシスコ平和条約締結）が見えてきた1951年8月、映画制作5社の協議を経て、企画内容には配慮しつつも、制作本数などの制限を撤廃することとなった。

この措置は、瀕死の東映にとって、これ以上はない明るい材料だった。というのも、片岡千恵蔵、市川右太衛門、月形龍之介ら時代劇スター俳優、松田定次、マキノ雅弘ら時代劇を得意とする監督らを擁するのが東映だったからである。

さっそく東映は8月公開の『天狗の安』（松田定次監督、阪東妻三郎主演）を皮切りに、続々と時代劇映画を制作したが、その年の12月までの間で、配給収入の一つの目安である1000万円をあげた作品は2本だけだった。決してヒットしなかったわけではないが、配収増につながらないのは、東宝との提携が原因だったことは明らかで、こうした事情も全プロ配給に舵を切る動機となったのである。

そして、東宝との提携を解消した1951年末から52年にかけての正月映画から、それまでのほぼ2倍の本数を東映1社で制作する過酷な全プロ配給が始まった。

　この正月映画として、『江戸恋双六』(松田定次監督、市川右太衛門主演)、『新選組　京洛風雲の巻』(萩原遼監督、片岡千恵蔵主演)、『遊民街の夜襲』(松田定次監督、片岡千恵蔵主演)の3本を公開、『江戸恋』『新選組』は時代劇、『遊民街』は現代劇スリラーである。この3本の配給収入合計は、実に1億6007万円におよび、前年9月から12月までの月平均配収は約5600万円だったというから、驚異的な配収を挙げたことになる。その後、2月以降も月4本の全プロ配給を守り、4月には(年末年始等のかきいれどきではなく)平月での配収1億円を突破することになった。

　文字どおりの起死回生、京都撮影所の渡邊のいう「半年後からの快進撃」となったわけだが、この正月映画3本は、いずれも京撮の制作だった。渡邊は不眠不休での制作となって、「この時は遂に封切日にラストが間に合わず、初日は未完のままで蓋を明け、翌日追いかけて完成版にするという前代未聞の事件が起きた」と回想している。それでも、渡邊も「東映作品のみの全プロ体制で大成功を収め、将来への門出となった」としており、本社・大川博と撮影所との意思疎通に問題はありながらも、「結果」を得たということは、誰にとっても大きなことだった。

　映画史研究家の田中純一郎は、この時期の東映について、「自力更生の実行や、総蹶(けっき)起運動の展開などで、昭和二七年一月以降は、徐々に会社の経営が好転」し、「製作品が立ちなおったこと、作品にムラがなくなったこと、契約館が漸増したこと、東映全プロが下番線に滲透したこと、興行者からの信用が増大したこと」が快進撃の要因と評した[8]。

以上、大川博体制1年目の前半は、高利貸しの「征伐」や「1本1100万円」の断行など、映画人ではない経理屋・大川ならではの行動が目立ち、撮影所との対立も極度に緊張したが、後半は、東宝との配給契約の解消と全プロ配給体制への移行という、大川の判断力が功を奏し、撮影所もそのプライドにかけて応えたという流れになる。興味深いことに、大川は自伝で、前半の断行に多くのページを割き、全プロ体制以後の、いわば映画作品が主役になってからのことは、さらっと書いている。この点は、大川の東映社長としての、さらには個人としての性格が浮き彫りになっているといえるかもしれない。「枠組みは責任をもってオレが作る。その後は任せたよ」といったところである。

しかし、何と言ってもこの時期の東映の再生は、大川の独断や行動力だけでは及ばず、一方で撮影所のプライドだけでも追いつかず、やはり時代劇映画が自由に制作できるようになったことによってもたらされたと考えるべきであろう。時代の変革期にあって、もともと時代劇映画を得意にしていた東映には非常に幸運な変革となり、撮影所がそれにちゃんと応えたということが大きかった。

東映は設立2年目に入った1952年のうちに、遅配が続いていた社員への給与も正常に支払いができるようになり、また株主への配当も出るようになって、企業体としての健全性は、みるみる回復した。同年11月には、東京証券取引所への上場を果たした。

こうしてみると、大川は映画業界での東映の「復活劇」を、経理という手法で成し得ることに徹したのであり、映画業界それ自体に特段の興味があったわけではなく、映画そのものにも思い入れはない。従来よく言われていたように「大川は映画を知らない」のだが、「知らない」ことが予算主義の徹底につながり、東映の快進撃をもたらしたのである。

専門館の確立

東映が業績を回復させようとしていた1951年9月、海外から大きなニュースが伝わってきた。黒澤明監督の『羅生門』（1950）が、ヴェネツィア国際映画祭で金獅子賞（最高賞）を受賞したのである。翌52年3月には、第24回アメリカ・アカデミー賞外国語映画賞も受賞した。製作は大映で、一つの出来事を複数の異なる視点で描くという複雑なストーリー構造から、大映社長の永田雅一が「わけがわからない」と漏らしたという逸話が伝わるが、『羅生門』は、いわゆる世界三大映画祭（カンヌ、ベルリン、ヴェネツィア）で最高賞を受賞した初の日本映画となり、もちろんオスカーを受賞した初の日本映画であって、海外での日本映画の存在を、映画関係者が意識する一つのきっかけとなった。

さらに、映画の観客人口の増加も見逃せない。1952年の年間総動員数は8億3227万人で、前年より1億0059万人増となった。その後、年によって若干の増減を経ながら、1958年には11億2745万人に達し、名実共に映画が国民的な娯楽として君臨することになる。

1952年以降、東映は全プロ体制で確実に作品を制作するため、東京・京都の両撮影所の体制をさらに整備し、東映らしい娯楽に徹した作品を制作していく。配給収入も順調に伸び、同年5月の東映の配収は、5系統の中で3位に浮上した（順に、松竹、大映、東映、東宝、新東宝）。興行主らは「東映の作品は売れる」と信頼して、上映館も増加し、それがまた配収増につながるという好循環をもたらしていく。

ところで、映画制作会社からみた映画館には、直営館、専門館、契約館の3種類に分けることができる。直営館とは、映画製作会社が直接運営する館で、かつて、新宿東映劇場、梅田東映劇場といった、映画会社名を冠した劇場が各地にあった。一方の専門館とは、映画館名には映画会社の名は付かないが、特定の映画会社の映画を専門に上映する館である。東映は、というよりも大川博は、全プロ体制や後の二本立て興行など、量産する映画を確実に、そして効果的に上映するため、この直営館と専門館を増やすことに力を入れた。専門館でいうと、全プロ体制に入った翌年の1953年から導入しはじめ、わずか5年後の59年には全国で1000館の大台を超えた。この専門館の確立は、日本映画界全体に及ぼした大川博の功績の一つである。

また、単に既存の映画館を東映の専門館にするだけではなく、大川は映画館主らに「館の設備の改善を奨励して来た。設備をよくしなければ、客が来ない。それで設備の改善を説き、そのかわり東映は適当な資金を融資しようといって、これを推進した」[2]のだが、「設備をよくしなければ、客が来ない」など、現在に通じる考え方ではないか。

さらに大川は、映画量産のため、カメラなど撮影機材の大量購入、撮影所のステージ拡充、鉄筋コンクリート造・冷暖房完備など、設備投資も積極的に進めた。

こうした撮影所から映画館に至るまでの投資は莫大な数字だったはずだが、急速に業績回復を遂げていたといっても、東映本体にそんな予算はない。それでも実現できたのは、東映が東急という大会社の系列であり、当の大川博が東急電鉄から送り込まれた経理屋だという信頼が、銀行などからの融資を可能にしたはずである。大川はそのことを十分に認識し、他の映画制作会社では実現不可能なプランを、自身のキャラクターを最大限活かしつつ進めたのである。

ひめゆりの塔の大ヒット

全プロ体制に入った翌年、1953年の正月映画として公開されたのが、大ヒット作『ひめゆりの塔』（今井正監督、津島恵子主演）である。沖縄戦に従軍した女学生らの悲劇を題材とした本作は、東映の当時の1本あたりの平均製作費の3倍以上（直接費ベースでも4064万円だったという）を費やし、またスケジュールが逼迫して、封切日の3日前に完成したというが、封切配給収入は5550万9000円に達した。これは、東映のそれまでの最多の封切配給収入（『遊民街の夜襲』、2245万4000円）の2倍に相当する。結果的に『ひめゆりの塔』は封切上映を過ぎた後も続映を重ね、配給総収入は約1億5000万円に達した。これは、邦画・洋画を含む当時の国内公開映画興行史上の最高記録である。

映画史研究家・田中純一郎は、『『ひめゆりの塔』の成功が、東映発展の上に、どれほどの力になったかははかり知れない」と評している[8]。

それにしても、容易には1本1100万円を譲らなかった大川が、なぜ本作で大幅な予算増を認めたのだろうか。

当時、マキノ光雄配下で、後に東映動画社長となる高橋勇によれば、好調な時代劇に対して振るわなかった現代劇を活気づけ、主に現代劇を制作していた東京撮影所の士気を上げようと『ひめゆりの塔』を企画したのが、マキノ光雄だったという。しかし、予算は膨らむ一方で、額面どおりに見せても大川が認めるはずがなく、マキノは一計を案じた。

マキノは、後払いや融通のきく費目をことごとく予算書から削った見かけ上の予算を1700万円まで引き下げることができた段階で、「社長、撮影所をどなりつけて、やっと1700万円に削らせました」と大川に予算案を見せた。大川は、「随分削ったもんだなァ」と言いながらも納得はいかない様子で、予算書に決済のハンコを捺したが、そのハンコは逆さまに捺されていたという[9]。

一方のマキノ本人の回想によれば、大川から「マキノ、俺は君を信頼している、不満ながら決裁をする」と言われたという[10]。

そして完成試写の場で、高橋勇は大川から最終的な経費を訊かれ、高橋は「約4000万円」と正直に答えてしまう。ところが大川は、「そうか」と言ったのみ。高橋は、そのときすでに大川の頭の中には「1億5000万円」の配収があったのではないかと回想している[9]。

「映画を知らない」大川が、『ひめゆりの塔』を試写でみた途端、大ヒットを予感したとも読める。しかしそれよりも、予算案を通す段階で、マキノは予算の全体を伏せた形で大川と交渉した、つまりマキノは大博打に出たことになるが、経理には誰にも負けない大川が、マキノの大博打に気がつかないはずがないではないか。大川は大川なりに映画を、というよりも「活動屋の空気」を理解しはじめていたのである。

『ひめゆりの塔』の大ヒットで沸く1953年4月、大川博はマキノ光雄を伴って、約2ヶ月間、アメリカ・ヨーロッパ各地へ映画界の視察旅行に出ている。この視察による大川への影響は、後の東映の機構改革や新規事業に活かされてくるため、後で詳しく述べる。

そして、いわゆる「五社協定」も、この年の9月に調印された。五社協定とは、映画制作大手5社（松竹、東宝、東映、大映、新東宝）と所属俳優や監督らとの契約関係を厳密化したもので、簡単に言えば、東映所属の俳優は自分の判断で他社の映画には出演できない、というものである。

東映は、設立わずか3年にして、大手5社の一員として、映画の黄金時代を支える存在となっていくのである。

「東映娯楽版」の成功

東映2年目、1952年に制作された映画46本のうち、時代劇映画は過半数の26本を占め、しかもそのうちの25本が京都撮影所制作だった。東映は時代劇、それを支えるのが京撮、ということは変わらなかった。

一方、戦時中に映画制作を中断していた日活が、1954年から映画制作・配給を再開したため、日本映画界は合計6系統となり、ますます競争が激化することになった。

大川博はここで、またまた「映画界での非常識」を断行する。当時、映画の観客としてほとんど意識されていなかった「子ども」をターゲットにしたシリーズ物の制作である。その名は「東映娯楽版」、いわば新ブランドの立ち上げである。

東映娯楽版は、少年少女層を新たな観客として意図した映画で、子ども向けゆえ、複雑な心理描写などは極力避け、スピード感のある活劇ものに仕立てられた。この東映娯楽版から中村錦之助という大スターが誕生し、東映の時代劇をさらに盛り立てることになった。

そして、実質的に娯楽版の興行にあたって導入されたと言える「二本立て製作配給」について、述べなければならない。

二本立て製作配給とは、文字どおり、毎週2本の新作をセットで制作・配給するものである。映画館に入場した観客は、1度で2本の映画を見ることができる。それも、東映の二本立てとは、東映作品2本の併映という意味である。当然ながら今までよりも倍の映画を制作しなければならなくなり、撮影所にはさらなる負担をかけ、また興行主に対しても、同じ映画会社の二本立てという異例の興行の意味を理解させなければならない。これもいわば「映画界での非常識」な戦略だった。
自社作品による二本立て製作配給は、大川博の肝煎りのアイデアだった。

二本立て興行

前項で少し触れたが、1953年4月から約2ヶ月間、大川博はアメリカを中心に外遊を行っている。そこで大川は、ハリウッドの映画スタジオの規模や設備から興行体制に至るまで、つぶさに見て体験することになった。その結果出てきたアイデアの一つが、二本立て製作配給だった。アメリカですでに行なわれていた二本立てによる興行収益の状況から、日本でも実現すべきであるし、それは可能だと判断したのである。

そもそもの大川の欧米視察の目的は、大川自身によれば、「主として撮影所の機構や設備、あるいは撮影方法などを見たい」「日本の映画会社では大勢の人を使って大変非能率的だとの感がある。アメリカではこの点、充分機械化されている」[11]であって、併せて、ハリウッド型の輸出産業としての映画の現状にも興味があったようだ。

この欧米視察での成果は、後の会社経営の中で大いに反映されるわけだが、キーワードは、二本立て製作配給、海外輸出、そしてテレビの活用の3点であった。さらに言えば、アニメーション制作もその延長線上にある(海外輸出とテレビの活用の2点において)と考えてよい。

もっとも、二本立てといっても、同じ規模、内容の映画を併映するのではない。「大作級の立派なものを一本作り、もう一本はきわめて娯楽本位の中篇もの……を作った方が、二社の作品を並べるよりも、東映という一つのまとまったカラーが生まれることになり、これによって新しい固定ファンが必ず作れる」[2]というのが、大川の考えだった。

こうして、1954年1月公開の『真田十勇士』第一篇「忍術猿飛佐助」(河野寿一監督)を皮切りに、娯楽版は順次制作・公開されるようになった。そして同年5月封切の『笛吹童子』の大成功で、娯楽版の成功は確固たるものとなる。

『笛吹童子』は、もともとNHKラジオで放送されていた連続放送劇で、それを実写映画化したものである。映画版は3部作として制作され、3作合計の封切配給収入は1390万7000円、総配収は8500万円に達した。

『笛吹童子』の主演を務めたのが、東映娯楽版が生み出した最大のスター・中村錦之助[12]である。錦之助は歌舞伎役者としてスタートし、映画俳優転向後のデビュー作は、1954年2月公開の『ひよどり草紙』(内出好吉監督、松竹)、この作品で、当時すでに松竹の映画スターとして成功を収めていた美空ひばりと共演した。そして東映移籍後の錦之助の娯楽版初主演作となったのが『笛吹童子』である。同じ時期、東映娯楽版のもう1人のスター・東千代之介[13]も『雪之丞変化』で人気を得て、中村錦之助とともに娯楽版を盛り立てていった。
さらには美空ひばりも、この時期東映に移籍する。
映画史研究家・田中純一郎は、東映娯楽版と中村錦之助ら若い時代劇スターについて、次のように評している。

東映娯楽版のこのような成功は、他社が今まで全く顧みなかった十五、六歳以下の児童を対象として考慮された、企画の成功であるといえる。……しかし、東映が二本立て製作を強行し得たのは、製作の粗雑さをあえて反省する必要のない興行者と観客層の中にあったという、気楽さからできたのであって、映画の芸術的文化的推進の上には、大した貢献はしていない。[8]

そして大川博は、東映の時代劇映画について、次のように回想している。

東映の時代劇は、かつては紙芝居とか砂利喰い映画とか盛んに悪口云われたものだが、こういう東映の製作態度の意味がだんだんと理解されて来て、また他社も娯楽性に富む時代劇に意欲を示すようになったのは嬉しいことである。……高尚な芸術作品や異色作も勿論映画を向上させる上に必要だが、娯楽作品だからと云ってお粗末な中途半端なものでよいというのは間違いだ。一般国民の中に強く根差している夢を本当に充たすような第一級の娯楽映画こそ、人々の生活をどんなにうるおしていることだろう。[2]

かくして、1954年の東映作品は、娯楽版ではない従来路線の作品は合計56本、娯楽版は47本、総計103本となった。前年の制作総計は52本だから、娯楽版を含む二本立てによって映画制作本数は文字どおり倍増した。これに対して、東宝は65本、松竹は64本、大映は60本、新東宝は45本、そして54年に映画制作を再開した日活は13本となっており、東映が大手6社の中で群を抜いて制作本数トップに躍り出たことになる。

しかも、総計103本のうち、現代劇は33本、時代劇は70本であり、時代劇に強い側面も充分に打ち出している。

配給収入も邦画界トップとなるのは1956年のことだが、いずれにせよ、大川が得意とする「数字」を見る限り、この時期の東映は順調に、というよりも急激に勢力を伸ばしていたのである。

ところで、東映のこの激動期に京都撮影所の製作課長で、後に東映社長となる岡田茂の回想に注目してみよう。

岡田も、この時期東映に吹いた追い風として、美空ひばりの獲得と並んで娯楽版の成功を挙げているが、不眠不休となった撮影所のスタッフや役者陣の果たした役割が大きかったと強調している。その上で、二本立て配給の決断には大川の「心意気に打たれ」ながらも、「全プロ二本立てを実現するには、製作現場は人の三倍も四倍も働くしかない」「まさに活動屋の常識では考えられない」[14]。大川のプランの意図は理解できるが、それを実現するには「非常識」にならねばならず、同時に現場（撮影所）の考え方、やり方が成否を分けると岡田は考えた。

そこに、二本立てとはいっても「1本は本物、もう1本は付録」と考えたのが、大川とアメリカ視察にも同行したマキノ光雄だった[14]。二本立てのうちの1本の「付録」として「東映娯楽版」を案出したのも「もちろん勘の良い知恵者であるマキノ常務だった」とは岡田茂だが、大川の回想には、娯楽版を考えたのはマキノ光雄、というくだりはない。もちろん大川はウソをついているわけではないが、全プロによる二本立て興行を「決断」し「指示」したのが大川、それを現実的に解釈し、「娯楽版」の制作という形で「実現」したのがマキノ光雄を筆頭とする撮影所だったということである。

やはり大川は、「枠組みは責任をもって作る。その後は任せたよ」という姿勢である。

1955(昭和30)年、娯楽版の正月封切として公開が始まった『紅孔雀』(全5部作)も好調で、娯楽版が東映の配収を引き上げる構図がさらに顕著になった。結果として、この年の年間配収は45億円を突破し、東映は松竹に次いで2位となった。創立以来、大映から借りていた京都撮影所の土地・建物を買収し、名実共に東映の京都撮影所となった。東映の快進撃は、もはや誰にも止めようがなかった。

教育映画

さて、大川政権下で急成長する東映の道筋を追ってきたが、ここで教育映画について見ておきたい。東映の経営方針の中で、教育映画制作が掲げられはじめたのが、ちょうどこの頃だからである。

1954年10月、東映内に「東映十六ミリ映画部」が組織され、東映での児童向け教育映画制作の拠点となった。ここが後の東映動画発足の担当部局となる。

ここでいう教育映画とは、どのようなものか。日本では、昭和初期から、子ども向けの情操教育(社会マナーや道徳などの教育)や、教材(理科、社会科など)としての映画が本格的に制作されはじめた。一般の娯楽映画と明瞭な線引きがあったわけではないが、そうした子どもへの教育ツールとして制作され、映画館ではなく学校などに直接フィルムを販売された映画を総称したものが教育映画である。当時の子ども向けの映画は、こういった形で制作されるものだった。特に戦前は、教育映画として多くの短編アニメーションが制作されたため、教育映画界は日本のアニメーション発展の一翼を担ったとも言える。

東映の教育映画の歩みは、東映発足前の東横映画時代の開発部による、全国の農山漁村に16ミリ映画を巡回上映に始まる。1951年4月の東映設立にあたって、開発部は東映の「十六ミリ映画課」として再発足したが、赤字倒産寸前という当時の東映の経営状況のあおりを受けたこと、地方にも16ミリ映写機が普及して巡回上映の存在感が薄れてきたため、16ミリ映画事業は停滞した。しかし、東映本体の業績が急速に回復したことで、再び教育映画事業加速の機運が高まったのである。

大川博は、母校の中央大学理事長をはじめ、東横学園、山脇学園などの役員を担い、教育には関心を持っていたようである。この教育映画制作にも素早い動きをみせた。

1955年に第1回配給の3本のうちの1本として公開された『ふろたき大将』(関川秀雄監督)は、戦争孤児を収容する施設にやってきた、読み書きも計算もできないが火を焚くことだけは得意な少年を主人公とした作品で、好評を得た。以後、児童劇映画、学校教材映画などを制作していくが、1954年、十六ミリ映画部の製作営業方針として、漫画映画制作の可能性を探ることが明記されている。東映の製作方針の中に「漫画映画」、つまりアニメーションが入ってきたのは、ここが初めてと考えられる。

東映の教育映画事業で特筆すべきは、教育映画は採算を度外視して制作するものという従来からの固定観念を打ち破ったことである。第1作『ふろたき大将』は、予算を組んだ段階で想定された収入720万円に対して実績は1127万3000円、差し引き400万円の純益を得た[1]。

結果的に、教育映画事業元年の1955年は合計12本が完成し、当初計画の合計9本を上回った。翌56年には25本と一気に増え、担当部署も、55年6月には十六ミリ映画部から「教育映画部」と改称された。

教育映画部の初代所長は、赤川孝一である。満洲映画協会から東横映画、東映、そして1954年から十六ミリ映画に関わった人物で、推理作家・赤川次郎は、彼の息子である。

そして、東映教育映画事業でもう一つ特筆すべきは、ついにアニメーション制作に取り組んだことである。初年度の55年12月に完成したのが、カラー短編アニメーション『うかれバイオリン』（藪下泰司監督）で、後の東映動画設立へつながる転換点となった作品だが、東映動画設立への道筋には謎も多く、次項で詳しく検証していきたい。赤川孝一も、東映動画設立のキーマンの1人となる。

東映設立5周年の1956年、映画製作大手6社（東映、松竹、大映、東宝、日活、新東宝）の中で、配収で長らくトップの座を維持してきた松竹を抜いて、東映は邦画配収トップを実現した。

大川博による予算管理の徹底、二本立て配給体制による量産、そして理屈抜きの娯楽性の追及によって、「赤字倒産寸前」からわずか5年で「飛ぶ鳥を落とす勢い」になったのが東映だった。

世界への進出を目指して

1956（昭和31）年7月31日、アニメーションスタジオ・東映動画が発足した。東映の関連会社として、日本初の本格的アニメーションスタジオの誕生である。社長には、大川博が就任した。東映教育映画部が日動映画に外注し完成させた短編アニメーション『うかれバイオリン』から、ちょうど半年後のことである。

日本で国産アニメーションが初めて制作されたのは1917（大正6）年というのが定説である。しかしそれ以降、ショートギャグや教育用の短編アニメーションが、細々と制作されてきた、という表現がぴったりくるような状況だった。第二次世界大戦中は、軍部（主に海軍省）が主導して長編アニメーションが制作されたことはあり、当時日本のアニメーターたちが出来得る限りのテクニックが投入されたが、戦後はその体制も崩壊する。

ただ、戦時中からアニメーション制作に関わったアニメーターたちは、戦後、いくつかのスタジオを拠点としてアニメーション制作に従事していた。そのうちの一つが、1947年8月設立の日本動画社を前身とする日動映画（1952年8月改組）である。日動映画を率いていたのが山本善次郎[15]、藪下泰司[16]の2名で、前身の日本動画社には日本アニメーションの父ともいわれる政岡憲三がいた（日動映画時代には政岡は離脱）。東映動画の母体となった日動映画は、いわば日本アニメーション界の「エリート」だったわけだ。

そうはいっても、当時のアニメーション界は、販路としては教育映画用、宣伝・広報用（政府の施策等の広報など）などにほぼ限られ、今日のような、純粋な娯楽としてのアニメーションは少なかった。特に戦後の混乱期は顕著で、アニメーションのみでビジネスを成立させるというのは非常に困難だった。

そうした状況に、重大な変化をもたらした出来事が2つあった。

一つは、ディズニーの長編の公開である。戦前から戦時中は、ディズニー制作のアニメーションは「敵性映画」であって、日本国内では公開されていなかった。1950（昭和25）年、戦後初めてディズニーの長編『白雪姫』（1937）が公開されると、観客はそれまで見たこともないフルカラーの夢の世界に魅了され、『白雪姫』はその年の外国映画の配収トップ（7323万円）となった。以後、『ファンタジア』『バンビ』など、ディズニー長編は続々と公開され、「アニメーションがビジネスになる」可能性を示唆した。

そしてもう一つの重大な変化は、日動映画が発足した翌年の1953年、テレビ放送が始まったことである。同年2月、NHKが開局し、同年8月に日本テレビが開局すると、以後、KRT（現・TBS）、フジテレビなど、民間放送局が相次いで開局した。

民間テレビ放送は、コマーシャルフィルム、つまりCMを必要とする。ここに、アニメーションが使われはじめたのである。実際、1950年代半ばから、テレビCM用アニメーション制作専門のスタジオが現れはじめ、教育用アニメーションだけでは経営が困難だった日動映画も、このビジネスに参入するようになったほどである。現在でもそうであるが、当時のテレビCMでも多くの予算が投入される。テレビCM用アニメーションをコンスタントに制作していればスタジオを維持できた、つまりビジネスになったのである。

アニメーション事業化の謎

こうした流れで、映画分野の中でも長らく地味で添え物的な存在だったアニメーションに光があたるようになってきたのだが、ここで東映がアニメーションに注目し、それを事業化しようとするのは、いくら創立わずか6年にして邦画トップの稼ぎを謳歌していた東映とはいえ、飛躍というよりは無謀なものを感じざるを得ない。東映がどのような経緯でアニメーションに注目し、本格的な事業化に至ったのか、残された資料と関係者の証言で検証していきたい。

特に注目したいのは、大川博が、アニメーションの事業化と将来性をどのように捉えていたかである。

大川博は「東洋のディズニー」を目指してアニメーション事業を立ち上げたと、一般には理解されている。本書の序章でも、筆者はそのように書いた。しかし、ここまで見てきたように、徹底的に予算主義に則り、事業化の可否を見極めてきたのが大川だった。その大川が、未知のアニメーション事業に乗り出すとして、アニメーションにどう興味を持ち、それをどう事業として可能だと判断したのかが、実はよくわかっていないのである。

大川博が、アニメーション制作参入について明確に表明した時期は、はっきりしていない。1954(昭和29)年10月に十六ミリ映画部が組織され、東映が教育映画制作に参入した際の「社長声明」[1]にはアニメーション制作について触れられていないが、この際同時に決定した教育映画の「製作営業方針」の中に「漫画映画をも研究の結果によっては製作する」

とあるから、これが事実上の大川社長方針との推察は可能であろう。

ただし、この方針が大川自身の考えを直接反映したものかどうかは疑問が残る。事実、アニメーション事業の発端に関する社長声明や経営方針は、関連部局の責任者が書いたメモを社長室に渡していた、という証言が、後になって出てきている[17]。

いずれにせよ、大川の方針を受け、翌55年3月31日、「第壱回漫画映画自主製作委員会」が東映本社で開かれ、以後急ピッチでアニメーション制作が具体化、同年12月には、教育映画部が日動映画に外注した『うかれバイオリン』が完成する。

漫画映画自主製作委員会での検討の過程は次章で検討するとして、ここで少し時間を戻して、大川博が1953年4月から約2ヶ月間外遊し、主にアメリカの映画事情を視察した時期から考察したい。

この外遊で見聞きしたことは、その後の大川の東映での映画制作・設備投資などに大きな影響をもたらしたが、帰国後の報告[18]の中で大川が強調しているのは、当時アメリカで流行していた立体映画、テレビの普及、そして日本映画の海外輸出についてだった。一方、アニメーションについては、何ら言及していない。

ところが、満映から東映、さらには十六ミリ映画部に所属し、東映動画設立後もしばらくアニメーション制作に関わる赤川孝一は、「大川社長は、外遊を契機として国際性のある

『漫画映画』の自主製作を提示され、『構想は大きく、ディズニーに対抗するものを・・・』という理念を目標としての立案即実行を命ぜられた」[19]と回想している。これは、大川が帰国後すぐにアニメーション制作を指示したとも解釈できるし、それから2年後の漫画映画製作研究委員会発足前後に出された指示だとも解釈できる。

近年、東映動画成立前後の諸様相について、いくつかの研究成果や議論がある[20]。それらでは、おおむね大川博はアニメーション制作に強い意欲があったわけではなく、むしろ映画の海外輸出への大川の意欲と、赤川孝一らの東映教育映画部のアニメーション制作への興味が、たまたま一致したという考察が成されている。

確かにそうした推察も成り立ちうるが、それにしても、外遊後2~3年という短期間に実現する東映動画設立、そして長編アニメーション制作という大事業を考えると、この間に「経理屋」大川は、本当にその程度のことしか考えていなかったのだろうか。

今田智憲の進言と少年観客層

大川博のアメリカ渡航は彼単独のものではなく、企画の責任者・マキノ光雄が同行していたのだが、当時、東映の営業課長だった今田智憲も大川の外遊にしばしば同行していたことは、あまり話題にならない。

今田智憲[21]は、後に東映動画社長（第6代）のポストにつき、テレビアニメを主体とした今日の東映アニメーションの隆盛に最も貢献した人物の1人である。だが、東映動画発足前後の事情の中で、当時の雑誌記事などで今田はほとんど登場しない[22]。ところが、東映動画初期から在籍した撮影監督の吉村次郎は、東映動画在職中、今田から聞いた話として、次のようなエピソードを明かした。

大川社長がアメリカへ視察に行ったでしょう。あの時、今田さんも一緒に行っているんですよ。それで、「これからは漫画映画の時代だと、大川社長にアメリカで繰り返し言った」と、今田さんからよく聞かされましたよ。[23]

これは、どういうことなのだろうか。

今田智憲は、後の東映社長・岡田茂と、旧制広島第一中学校（現・広島国泰寺高校）での同級生で、東京商科大学（現・一橋大学）予科を経て、1947年、東横映画に入社して映画界に入った。そして、東京大学卒業をひかえて就職先を選んでいた岡田を東横映画に誘い込んだ「盟友」どうしだった。その後、東横映画から東映が発足した後を含め、岡田は撮影所で制作畑を、今田は営業畑を歩むことになる。

そして、吉村の回想どおりだとすれば、少なくとも1953（昭和28）年という時期に、アニメーション制作に強い関心と将来性を感じて、アメリカ視察中に、「これからは漫画映画だ」と大川に進言した、あるいは、大川の日本映画海外進出の意欲に応える形で、輸出するなら劇映画よりもアニメーションだと進言したということなのだろうか。

残念ながら、今田智憲の言動は、吉村次郎の回想の中だけのもので、その後、今田や大川博に関する文献で裏づけは取れない。しかも、東映の記録によると、大川の渡米翌年の1954年7月のインド訪問、55年のシンガポール訪問、56年の香港訪問、57年の欧米訪問では、いずれも大川と今田とが同行したことがわかっているが、53年の大川の初渡米時に今田が同行した記録はない[1]。

ただ、渡米後わずか2〜3年という短期間でアニメーション事業参入へと舵を切った大川博の決断の背景に、今田の何らかの進言があり、それが影響を与えたとすれば、これは興味深い。実際、東映動画が効果的な形で海外進出を遂げるのは、今田が東映動画社長となった1970年代以降だからである。

しかし、こうした今田の進言があったとしても、アニメーションと海外輸出との連動のみで、大川が東映動画設立へ動いたとするのは、やはり話を飛躍しすぎていると筆者は考える。

なぜなら、第一に、当時の日本で、たとえ長編アニメーション制作を前提としない形であっても、アニメーション制作の実績は少なく、アニメーション制作にはどの程度の設備や経費が必要なのか、観客としてどの程度見込めるのかという見積もりは容易ではない。実際、東映動画設立前のこれら経費の見積もりに重大な「甘さ」があったことが後に指摘されている（後述）。第二に、海外輸出も、黒澤明の『羅生門』（製作は大映）の成功により海外での市場展開が注目されてから数年しか経っておらず、海外輸出による収益の見積もりも容易ではない。

こうした、ビジネスを前提とした場合の不確定要素が山積みの「アニメーション」と「海外輸出」とを結びつけても、それだけで経理屋の大川が動くとは考えにくいわけである。

そうなると、注目すべきは、観客としての「子ども」の存在、そしてテレビ、この2点である。

映画の観客としての子ども（といっても、ここでは18歳未満の未成年を指すと考えてよい）の存在は、重視されてこなかった。映画は大人の娯楽であって、子どもが映画館に出入りすることは、たとえ親子同伴という形であっても教育上問題であるとさえ言われ続けた。もちろん例外はあるが、戦前以来、子ども向けの映画は「教育映画」として、子ども専用のコンテンツとして分離独立されてきた歴史がある。実際、東映が教育映画部で制作しはじめた作品群も、この限りだった。

ところが大川博は、他の映画人・経営者とは、少し変わった見通しを持っていた。渡米前の『経済展望』の記事では、映画観客動員の統計から、性別、年齢別の観客比率に注目し、10代を含む若い観客層の映画に対する動向に注目すべきだと述べている。こうした考え方が具体化したのが東映娯楽版だった。二本立て製作配給という大川の号令を受けて、実質的にはマキノ光雄が主導した娯楽版は、40～50分程度の中編で、シンプルなストーリーにスピード感、そして「アイドル俳優」を配したことにより、それまで映画の観客としてはほとんど想定されていなかった少年観客層の圧倒的な人気を集めた。

こうした成功を目の当たりにした大川が、少年観客層の可能性に注目しないはずがない。そして当時、少年観客層が向かっていたその先には、すでに大映が独占配給していたディズニーの長編アニメーションがあった。

確かに東映動画発足までの中で、大川がマスメディア向けに発したコメントなどでは、少年観客層を意図したアニメーション制作への考えは確認できない。しかしこの点に関する限り、従来から映画観客層の分析を行い、東映が日本映画界トップの配収を稼ぎ出す大きな原動力になった娯楽版の成功、そしてそこでの少年観客層の動向を見てきた経理屋・大川博が、映画の新たな観客層である少年たちとアニメーションとをまったく結びつけていなかったとは、考えにくいのである。

テレビ美術家の橋本潔[24]によれば、東映動画発足前ではなく発足後の『白蛇伝』の企画が立ち上がった頃のことではあるが、大川博には「ディズニーだけがアニメーションを独占するのを手をこまねいて見ていることはあるまい」「アニメーション映画は同じ作品でも、3年、4年経てば次の子供が大きくなり、観客として映画館に足を運ぶはず」という考えがあり、「動画スタジオを作ってディズニーのうまみにあやかろう」というプランにつながったのだという[25]。

ディズニーのような長編アニメーションか、戦前以来のある程度の実績がある短編アニメーションか、どちらを目指すかによって道筋は大きく異なるが、筆者は、この橋本が伝えた時期(『白蛇伝』企画後)よりも早くに、大川は何らかの形で少年観客層とアニメーションとを結びつけていたと推察したい。

そしてもう一つが、テレビである。

大川は渡米前後から、まったく新しい、そして映画の敵となり得るかもしれないメディア=テレビの将来性に注目していた。また、東映動画設立にあたって、「テレビとの連動」を盛んに言及していた。後の日本のアニメ発展を考えると、慧眼というべきであろう。

当時の大川が、テレビとアニメーションとの関係をどの程度具体的・戦略的に考えていたか、また、いつの時点で両者を結びつけたかは疑問が残る。しかし、少なくとも、東映動画の設立は「実はテレビと関連してつくった」「テレビ用のコマーシャル動画は現在小規模な工場でつくられている。これはどうしても設備の完備した大きなスタジオでつくらなければ、将来の需要を満たすことが出来ない」[26]という大川の指摘は、1957年11月、つまり東映動画設立の1年後に出されている。もちろん、テレビCMとテレビアニメシリーズとはまったく違うが、大川のこの指摘は、虫プロの『鉄腕アトム』放映開始の5年以上も前のことである。

第3章　多角化の夢と挫折——アニメ・テレビ・プロ野球

ディズニーへの挑戦——日本初の本格的アニメスタジオ誕生

「東映動画というのは、鬼っ子として誕生したんですよ」

東映動画に長らく在籍した演出家・池田宏は、筆者にそう語った[1]。

池田は、東映動画設立前の会議資料や議事録を所有しており、近年、これら資料を使った研究を発表している[2、3]。池田は当時の多くの関係者から直接内情を聞いているため、東映動画成立時の諸事情を解明する貴重な手がかりとなっている。

本章では、こうした資料や証言にあたりながら、大川博が東映動画を誕生させるにあたって、彼がどのような立ち位置で、どのような役割を果たしたのか、追いかけていきたいと思う[4]。

それにしても、池田のいう「東映動画は鬼っ子」とは、どういう意味か。「鬼っ子」は「親に似ていない子」という意味だが、親＝東映には似ていない、生まれてくるはずのない子、それが東映動画だと、池田は表現したのである。

生まれるはずのない子・東映動画は、どのように「生まれた」のだろうか。

漫画映画製作研究委員会

「日本初の本格的アニメーション専門スタジオ」東映動画の設立にあたり、大川博がなぜアニメーションに着目したのかについては、前章で述べた。東映の映画輸出への意欲、東映教育映画部のアニメーション制作への意欲、そこへ大川が、観客としての子どもと、新しいメディアであるテレビの将来性とアニメーションの将来性とを絡めて、アニメーションの事業化を進めようとしたが、大川はアニメーション自体への興味はほとんどない一方で、アニメーションの特性には注目していた、というのが筆者の推察である。

それでは、実際どのように事業化が検討されたのか。東映動画の発足は1956（昭和31）年8月だが、検討が具体的に始まったのは、発足の約1年半前のことである。

1955年3月、東映本社で「漫画映画製作研究委員会」[5]の第1回委員会が開催される。この委員会は、前年10月の「漫画映画をも研究の結果によっては製作する」という「製作営業方針」を受けてのものである。大川博は、第1回委員会開催の直前に「やはりカラーで漫画も計画しています。これも日本の漫画として新生面をひらくものになると思います」と意欲を見せている[6]。

委員会での議題は、アニメーション制作の趣旨、企画案、予算案で、すでに『うかれバイオリン』が一案として挙がっている。予算は、モノクロ制作とカラー制作との両方が示されているが、いずれにせよ1巻物と2巻物、長さにして10分から30分以内の短編で見積もりが組まれており、この時点では長編制作の形跡はない。

ちょうどこの頃、東映の営業課長にして、大川博に対してアニメーション制作を盛んに勧めたとされる今田智憲のもとに、2人の訪問者があった。アニメーション制作会社・日動映画を率いていた藪下泰司と山本善次郎である。2人から今田に「日動というアニメの会社を二十四、五人でやっているんだが、どうもなかなかむずかしい。ひとつ、ご協力いただけないか」という申し出があり、今田は「アニメに関してはかねがね、国際的な映像の仕事としての大きな可能性を感じて」いたため、「大川社長……に、これはいい仕事だから、ひとつ東洋のウォルト・ディズニーになろうではないか」と進言したという[7]。

この後、委員会の案にあった『うかれバイオリン』が、東映教育映画部から日動に外注され、同年12月1日に配給された。これは、東映がアニメーション制作への参入を前提とした試作という意味合いの強い作品だったが、日動の山本善次郎によれば、大川博は『うかれバイオリン』の出来に喜んだという。

正直なところこの作品はあまり良い出来と思われなかったが、東映の大川社長が大変気に入ってしまって、社長自ら各社を持ち廻って批評を求めたり、セールスをしたりの結果、立派に製作費の元をとって、まだお返し迄儲けてしまった。この事で大川社長をはじめ、動画に興味を示さなかった人々迄乗り気になって、日動映画を会社ごと買上げようという話が持ち上り、相談を受けた。[8]

確かに大川は、『うかれバイオリン』以後、東映動画設立へ向け社内で舵を切るが、大川がここまで乗り気になったという逸話は、他では伝わっていない。山本も大川の様子を実際に見たのかどうか、はっきりしないが、従来「乗り気」ではなかった大川が「乗り気」になったということは十分考えられる。

当の大川は、『うかれバイオリン』について「図らずも各方面において好評を得ましたので、引き続き研究を重ねた結果、将来はディズニィ・プロに匹敵すべきものを製作できる確信を得るに至った」と回想している[9]。ここでは大川の口からディズニーが引き合いに出されている。

一方、日動の藪下泰司は、東映からの買収の提案について、もう少し冷静な観点からの回想を残している。

日動ではむろん真剣、活発に検討されました。問題は単に買収金額だけではなく、日動という会社を支えていた背景が東宝の系列だったからなのです。結局、日本の動画を教育映画という限られたマーケットをあてにしていなければならない当時の状態から大きく飛躍させるには、東映大川社長の意欲に応えるべきだとする「国境を越えた美談」に落ちつきました。[10]

このような今田、山本、大川、藪下らの回想は、どうしても東映動画設立＝長編制作、つまり「東洋のディズニーを目指す」と読み取れるが、注意しなければならないのは、日動買収前の研究委員会での議事のとおり、当初は、長編制作は俎上に上がっていなかったことである。

営業と教育映画の対立

年が明けて1956年、大川のいう「研究」が継続されるが、ここに、2点の資料が現存する。「漫画映画製作研究委員会規定」（1月25日付）と、「漫画映画製作研究委員会懇談会報告について」（2月6日付）（図4）という手書きの議事録（稟議書）である。前者の「規定」は、アニメーション制作へ向けて、技術面から国内市場分析、輸出性向に至るまで、さまざまな諸問題を解決することを目的として掲げ、社内の体制として、委員長に大川博、副委員

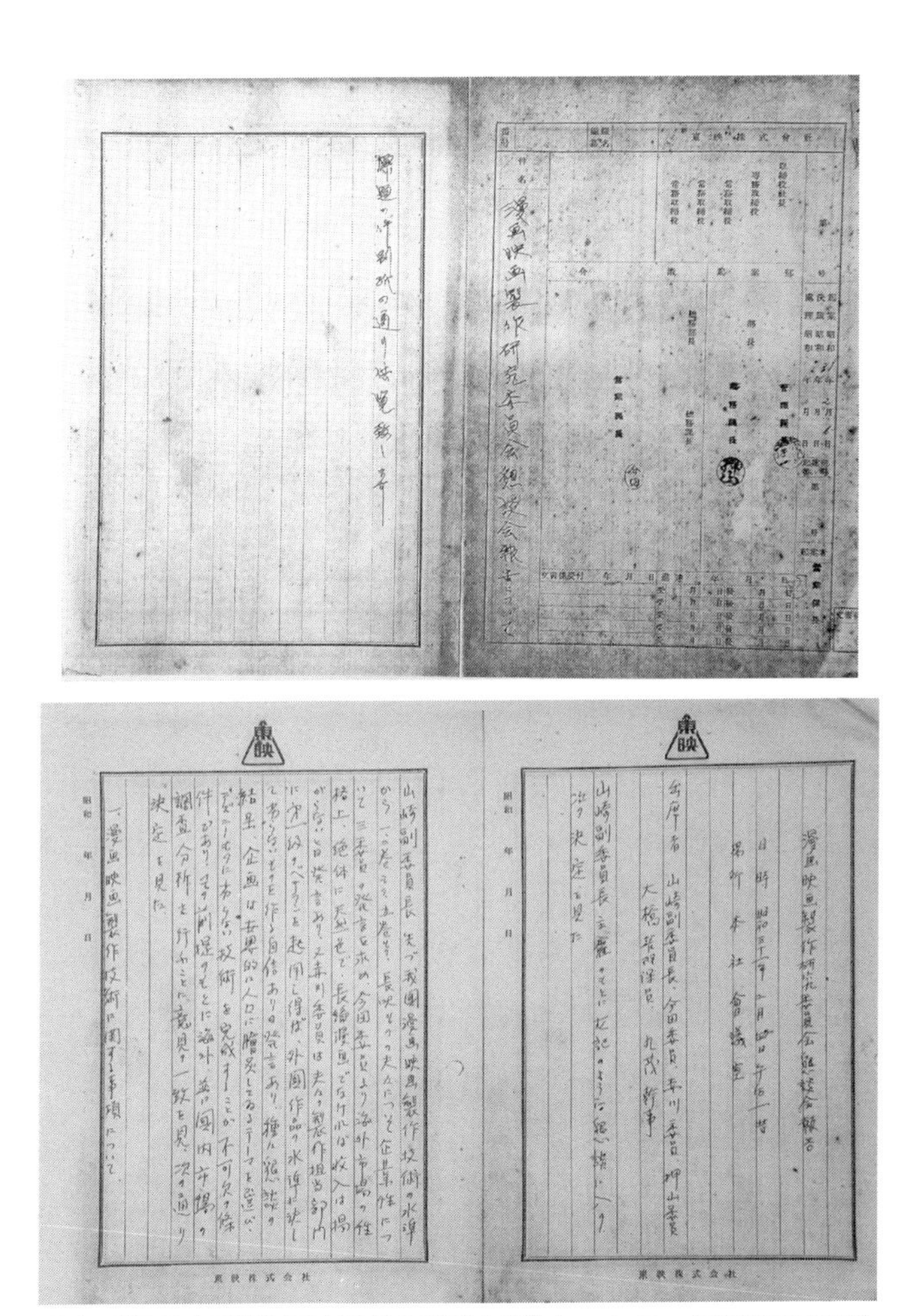
漫画映画製作研究委員会懇談会報告
日時　昭和三十一年二月四日午后一時
場所　本社　会議室
出席者　山崎副委員長、今田委員、赤川委員、坪山委員
大橋技術課員　丸茂幹事
山崎副委員長主催のもとに左記のように懇談に入り
次の決定を見た
東映株式会社

図４　「漫画映画製作研究委員会懇談会報告について」（1956年2月6日）
（提供・池田宏）

長に山崎季四郎[11]、委員に多田光次郎（マキノ光雄）ら東映幹部のほか、教育映画部の赤川孝一、本社営業課長の今田智憲らの名が連なっている。文字どおりの内規であって、制作に関する具体的なことには触れられていない。池田宏によれば、この委員会の統括者は委員長の大川ではなく副委員長の山崎季四郎で、実務は赤川孝一が中心だったという。山崎は教育映画部門の担当役員でもあったから、この委員会は実質的に教育映画部が主導していたことになる。

この時点で、アニメーション自社制作に関して、東映内で少なくとも2つの流れがあったことになる。一つは、かつて満映時代にアニメーション制作を企図した経験をもつ赤川孝一らによる短編・教育映画としてのアニメーション、もう一つが、言いだしっぺが大川博か今田智憲かは疑問が残るが、本社側による長編を含む大衆娯楽としてのアニメーションである。この2流派のうち、教育映画側が主導権を握っていた、ということである。

ところが、もう一つの資料・懇談会報告は、まさにこの長編か短編かという根本的な問題について生々しいやりとりが書かれている。委員会規定が制定されてわずか10日後に、こうしたやりとりが成されているのは、どういうことか。

池田宏によれば、次のような事情があったという。

動画事業をやるならどうするか、営業・外国課と、教育映画側との間で意見が対立して、そのごたごたがだんだん大きくなったので、大川さんの命令で、山崎さんに「調整しろ」ということになって、この会議が開かれた。結果、「今後は赤川さん中心でやっていく」ということになったんです。[1]

営業・外国課とは東映本社側(今田智憲)、教育映画側とは当初からアニメーション制作を主導していた赤川孝一らを指す。それでは、議事録の内容を見てみよう。

主催は山崎季四郎副委員長、出席委員は赤川孝一、今田智憲、押山博治(業務課長)らで、実務方に限られている。委員長であり社長の大川博は出席していない。

冒頭、山崎から、アニメーション制作するなら長編か短編か、それぞれの立場から発言するよう求めがあった。これが「意見が対立して」いた根源だったのである。

営業課長の今田は「海外市場の性格上、絶体(ママ)に天然色で、長編漫画でなければ収入は揚がらない」と述べた。今田は、かねてよりディズニーに比肩する海外向けの長編でなければダメだという論者であり、当然の発言である。

対して教育映画部の赤川は「第一級のベテランを起用し得ば、外国作品の水準に決して劣らないものを作る自信あり」と息巻いた。赤川は、外国、つまりはディズニーに負けない作品（この場合は従来型の短編）を制作できるし、その自信があるので、自分たちに任せてほしいというのである。

この後、議事録では「種々懇談の結果、企画は世界的に人口に膾炙（かいしゃ）しているテーマを選び、デズニー（ママ）ものに劣らない技術を完成することが不可欠の條件であり、その前提のもとに海外、並に国内市場の調査分析を行うことに意見の一致を見」た、とある。そして、その一致を見た「意見」の内容を要約すれば、「方向性としては短編。それを前提として、赤川委員は企業性を研究すること」「同時に、輸出性向と海外市場の分析を行う。今田委員はディズニー作品に近い技術が完成されたという前提で調査分析を行うこと」「押山委員は国内市場の調査を行うこと」ということになる。

「種々懇談」の中身が記録されていないため、どのような議論があったのかはわからないが、こんな初期段階でディズニーに劣らない技術の完成を「前提」とするなど、大胆極まりない。それでも、議事録の末尾には「赤川委員を中心に、各委員の協力を得て立案すること」とあるから、事実上、短編派の赤川孝一の勝利である。「ディズニーに匹敵するカラー長編アニメーションで海外市場を狙う」という今田智憲の意見は却下されたわけだが、池田宏は、「この懇談会でいろいろ議論されたというのではなく、1月の第1回委員会の内容で対立して、大川社長命令で開かれたもの」としつつ、当時の今田の心情を次のように解説する。

ちょうどこの前の年（1955年）にアメリカでディズニーランドが開園していて、今田さんは、キャラクターの商品化なども含めて、そうしたアニメーションを中心とした総合的な商業展開を考えていたようです。ただ、それらが否定されて、今田さんはそっぽを向いてしまって、「こんなくだらないことに関わっていられない。わからんやつらに話をしても無駄だ」という感じだったようです。[1]

そして今田は、当時やはり東映内で始まりかけていたテレビ事業へ軸足を向けたのだという。懇談会で出された海外市場分析などの「宿題」は、放棄したのだろうか。

ここまでで大川博の関わりは、あまり見えない。実務方の意見が混乱しているということに対して「調整せよ」という命令は下したようだが、少なくとも能動的な動きではない。ここでも大川は、「アニメーション制作に乗り出す、その場としてのスタジオは責任をもって作る、だけど、どう作るか、どんなスタジオにするかは任せたよ」という態度である。そして、アニメーション制作に関する限り、大川のこうした姿勢が、後に問題を生むことになる。

無謀な前提

さて、委員会での検討の経緯をさらに追いたい。

東映のアニメーション制作は教育映画部が主導することになったが、2月の懇談会から約2ヶ月後の4月11日、研究委員会が開催されている。この場で配付された「オ一回漫画映画製作研究委員会議題」、そして議題を受けて作成された資料「漫画映画について」「漫画映画製作の体制に関するメモ」「製作に関するメモ」「東映漫画映画製作所設立計画書」、合わせて5点の資料が現存している。全部で約60ページに及ぶ内容で、「漫画映画について」は国内外のアニメーションの歴史に始まり、後半にはディズニー長編の興行成績に触れつつアニメーション市場の現状に言及しているが、内容に深みはない。総じて、一企業の新規事業を検討し判断するための資料というよりも、その新規事業とはいかなるものかを広く浅くまとめた「概要」であり、あくまで短編アニメーション制作を前提にしていることがポイントである。つまり、仮にこの資料に基づいて長編アニメ制作を事業化したのだとすれば、それは無謀とも言えるものである。

特に池田宏が問題視しているのは、アニメーターをはじめとするメインスタッフの必要人員数とその作業ノルマの算定である。例えば、「1ヶ月1巻物（10～15分）製作を基準」とした原画家の必要人員は「4人」で、1ヶ月の作画枚数は「1200枚」、動画家は「10人」

で1ヶ月の作画枚数は「1200枚」となっている[12]。動画家でいうと、1人あたり1日の作画枚数は40枚という計算になる。商業用作品を前提としたアニメーション技術や体制が未整備だった当時としては、これはありえないほどの理想化された数字である。

現在、多くのアニメ制作スタジオで行われている作業工程や分業体制での、1日あたりの動画家の作画枚数は20枚でも厳しいはずである。まして、アニメ制作のノウハウを学ぶところもない、劇場用長編など大規模な作品をつくる体制にもない、しかも長編制作の計画が本決まりになって美大・芸大卒の新人（つまりアニメーションの素人）を大量採用し、適性が定かでない人材による作業を前提とした東映動画は、どこから「1人1日40枚」などという値が出てきたのかというほどの目標である。

しかし、繰り返しになるが、委員会での検討当初は、長編制作は前提とはなっていなかった。委員会での配付資料「設立計画書」では、中編（おおむね1時間以内）の制作プランは入っているが、「東映が漫画スタジオを建設する理由」として、「商業漫画映画を継続製作配給して」としつつ、「教育映画、動画映画等を製作して、国内外の短編映画界の向上に貢献することも主要な眼目」と書かれている。短編ならこの計画で大丈夫というわけではないが、いずれにせよ、アニメーション商業制作にあたっての計画性に大きな問題を抱えたまま、日動映画を買収し商号を変更する形で、1956（昭和31）年7月31日、東映動画は発足することになった。

東映動画発足

東映動画発足にあたって、もう1人、きわめて興味深い回想を残しているのが、上原信の名義で『白蛇伝』の「原案」として参加した山根章弘[13]である。山根は1955年夏頃、東映教育映画部に入り、東映動画発足前に大川博を含む東映幹部らの会議に出席していた。そして、動画スタジオ設立のための設備投資費、人件費、アニメーター1人あたりの作画量などを見積もり報告していたこと、さらには「東映動画」という新社名が決まる過程にも立ち会っていたのだという[14]。

山根が教育映画部に入ったという1955年夏は、ちょうど『うかれバイオリン』制作中である。東映がアニメーション自社制作を具体化させようとしていた時期であり、山根がスタジオ設立のためのデータを集めていたというのは、時系列的には辻褄が合う。

そして、山根の回想は、なかなか大胆である。山根によると、アニメーションで海外に進出し、外貨を稼ぐという大川博の考えを受けて、山根が「来年より一年に一本、長篇アニメイション映画を製作したいと思います」と大川に提案したのだという。

これが事実なら、東映が、そして大川博が長編アニメーション制作に舵を切ったその背景に、山根の働きかけがあったということになる。

さらに山根は、「理想的なアニメイション・スタジオの構想を紙面に展開、スタジオ設計、機材機械の調査、設計……中でも社内の啓蒙が第一義とあって、この構想の説明を絵柄にしては次々にガリ版にして社内に配布した」とするが、だとすれば、漫画映画製作研究委員会での配付資料のかなりの部分は、この時山根が作成した資料・内容に拠っているのではないかと推察される。実際、配付資料に盛り込まれた項目は、山根の回想と共通点が少なくない。

そして、社名を決めるにあたって、「アニメなんたらより、もっと言い易い言葉ないかいな?」という東映幹部らの要望に対して、山根は「動く画ですから動画映画という訳が最適と思われます」と答えた。それに対して大川博が「よし、東映動画映画株式会社と決めた!」、山根は文字どおり「鶴の一声」だったと回想している。

東映動画発足直後、短編アニメーション『こねこのらくがき』の制作が開始される。これが、東映動画の自社第1作である。東映の記録[9]によると、東映動画発足のちょうど1ヶ月後、1956年9月1日に作画がスタートし、翌57年5月13日に完成、東映教育映画によって教育用アニメーションとして配給された。

白黒作品ながら、こねこが壁に描いた落描きが自由に、かつ奇想天外に動き出す発想力豊かな作品で、作画の密度も濃い16分、戦後、日動映画が制作してきた短編アニメーションの系譜の延長線上にある作風である。東映教育映画、つまり赤川孝一がイメージしていた短編アニメーションを形にしたことは明らかである。

ところが、さらに東映の記録をみると、『こねこのらくがき』作画インよりも5ヶ月も前の1956年4月2日に制作開始となっている作品がある。長編アニメ『白蛇伝』がそれである。56年4月2日といえば、東映動画が発足するよりも前、さらには第1回漫画映画製作研究委員会開催（同年4月11日）よりも前のことである。

これは、どういうことなのだろうか。

長編漫画映画への挑戦

映画製作には、常に大きなリスクがつきまとう。莫大な製作費を投じても、「当たるか当たらないか」は、文字どおり封を切らないとわからない。当たらなければ、それで終わり。現にアニメーションの世界でも、1本の長編が大コケ、その監督が次の長編を作れなくなったり、会社そのものが解散したりする例はいくつもある。

そんな長編アニメの世界に、東映動画は参入した。

長編制作の謎

長編アニメ『白蛇伝』制作のきっかけと経緯は、今も謎が多い。当時、制作に関わったスタッフらが回想を残しているが、それぞれの立場の違いのせいか、内容は時に大きく異なり、またいずれの内容も総合性を欠く。企画書など残された現物資料も乏しく、肝心の『東映十年史』や『東映アニメーション50年史』など社史にも詳しく書かれていない。

そうした事情はあるが、大川博が『白蛇伝』完成への道筋で果たした役割とは何か。ここに注目しながら、回想録や資料を捉えていきたい。

まず、『白蛇伝』の作画を担当した大塚康生[15]は、大川博がアニメーション事業に進出した理由として「薬国盛という香港映画のプロデューサーと協同出資で、日本とアジア全体に通用するようなフルカラー劇場用長編アニメーション映画を作ろうという計画だったらしく……はじめての企画が『白蛇伝』だったのはその名残だった」と回想し、大塚が口動に出入りするようになった1956年夏には「香港との提携話は解消していた」という[16]。

『白蛇伝』の美術を担当した橋本潔は、『白蛇伝』の企画を持ち込んだのは香港のプロデューサーで、「東宝映画『白夫人(びゃくふじん)の妖恋』が香港で大ヒットしたので、これをアニメーションでもっとエロチックに作れないか、東映が日本の小さなアニメーションのプロダクションをまとめて、引き受けて欲しいと言ってきたのが発端」としている[17]。香港のプロデューサーとの縁で『白蛇伝』の企画が動き出したというのは、大塚の回想と一致している。『白夫人の妖恋』(豊田四郎監督)は、東宝と香港のショウ・ブラザーズ(邵氏兄弟有限公司)との共同制作だが、原作は長編アニメ『白蛇伝』と同じ中国の伝承である。これが香港で大ヒットしたことで東映にアニメ化の企画が持ち込まれたというのだが、『白夫人』の日本での公開は1956年6月22日、香港での公開は翌57年3月だから、『東映十年史』にある『白蛇伝』の「1956年4月2日」に制作スタートという時系列と合わない。

『白蛇伝』の原案を担当した山根章弘は、東映動画設立にあたって、長編アニメ制作のための設備や人員などの見積もりを東映本社に報告していたことは先に述べた。したがって、山根の働きが、大川博が長編制作に舵を切る動機付けの一つになったという可能性さえあるが、山根は『白蛇伝』の企画が具体化した経緯については触れていない。

こうした中で、最も事実に近いと思われるのが『東京タイムズ』の記事である。これによると、『白蛇伝』は「東映が香港のフレイム・カンパニイ(代表者張国利氏)と共同で製作する」ことになり、「東映では三月頃から漫画映画の製作を企画し『西遊記』『浦島太郎』及び『白蛇伝』などを検討していたが、こん度大川社長が第三回東南アジア映画祭に出席した際、東映のエイジェントであるフレイム・カンパニイとの間に『白蛇伝』の合作が決定した」と伝えている[18]。

ところで、『白蛇伝』成立時の大塚康生の回想は、アニメ史研究ではよく知られているが、大塚のいう「香港のプロデューサー・葉国盛」は、中国側の資料を調べても出てこない。一方、東京タイムズが伝えている張国利は、香港の「益群公司」という映画会社が制作した映画『花花世界』（1956）の「導演（監督）」「監製（プロデューサー）」として記録されている[19]。ただ、益群公司が制作した作品は、これ1作しか確認できないため、当時、香港で乱立していた映画会社の一つであり、香港での東南アジア映画祭で大川博と交流できたが、ほどなく益群公司は消滅し、そのために香港側と東映との提携も解消したのではないかという推察が成り立つ。

橋本潔は、「東映が香港の下請けを引き受けるより、動画スタジオを作ってディズニーのうまみにあやかろう」と大川博は考えたとしているが[17]、香港側の事情も絡んでいたと考えれば、より納得できる。

模索と迷走

それでは、あらためて証言や資料を時系列でつなぎ合わせたい。

1956年4月、漫画映画製作研究委員会でアニメーション制作を具体化させることが決定し、それからしばらくは題材を検討していたと思われる。そして同年6月、第3回東南アジア映画祭が香港で開催された。

東南アジア映画祭は、大映の永田雅一の肝煎りで始まった国際映画祭で、1954年の第1回は東京で、第2回はシンガポールで開催され、56年6月に香港で第3回が開催されたという経緯である。かねてより映画の海外輸出に意欲を見せていた大川博もこの映画祭に関わっており、第3回香港大会には日本代表団長として出席している[9]。そして、ここで香港の映画製作会社と『白蛇伝』を合作でということになったようだが、『白夫人の妖恋』との関連性は確認できない。それでも、東映動画設立が決まっていた当時、海外進出の可能性を含む香港からの合作の提案に大川が興味を示し、いわばトップダウンで決定したのではないかということは想像に難くない。

この直後の7月、東映動画は発足し、翌1957年にかけて、複数の短編アニメーションを制作している。『こねこのらくがき』(57年)、『かっぱのぱあ太郎』(57年)、『ハヌマンの新しい冒険』(57年)、『夢見童子』(58年)などである。

ところが、肝心の『白蛇伝』は、これら短編の制作が終了した57年12月から、ようやく作画に入っている。東南アジア映画祭で合作が決定してから1年半も後のことである。この間、作業は進んでいたのだろうか。簡単にいえば、「どう長編アニメを作るのか」以前に、そもそも「本当に長編アニメを作れるのか」というところで行き来していたのである。

『白蛇伝』という長編アニメの制作決定に最も戸惑ったのは、短編アニメーション制作の拠点としての東映動画を目指していた赤川孝一だったはずである。しかも、56年2月の懇談会で、赤川主導で進めると決まってから半年も経たない中で長編制作の話が舞い込み、その直後に東映動画が発足してしまう。

赤川自身は沈黙しているが、赤川から直接指示を受ける形で『白蛇伝』のストーリー構想を進めていた橋本潔によれば[20、21]、赤川の「アニメではシナリオは作らない」という方針のもと、絵コンテを次々と描き、それに基づいてスタッフで話し合い、修正し、また絵コンテ作業に戻るという、良く言えば自由な発想を重視した進め方だった。次に、橋本は赤川から「ディズニーの真似は絶対にしない、ディズニーが作れない方向の物を作る」と厳命されたという。そこには、漫画映画製作研究委員会で、ディズニーを目指していたといえる東映本社（今田智憲）を抑えて短編で行くことが決まったにもかかわらず、長編制作に入ってしまった赤川の、ある種のアンチテーゼが感じられる。

そして橋本は赤川からもう一つ、『白蛇伝』のストーリーを3部構成にして、第1部のラストシーンでもエンドマークが出せるよう構成することを指示されたという。これは、短編3部作で完成させるとも、場合によっては第1部で打ち止めて一つの短編として完成させるとも解釈できる。ただしこの赤川の方針は、赤川があくまで短編にこだわっていたというよりも、発足当時の東映動画の体制、陣容などから、力及ばず長編制作を断念しなければならない場合の「保険」というオプションも考慮したものではないだろうか。

こうした作業が、複数の短編アニメーション制作と並行する形で進んでいたのである。まさしく模索状態だが、それ以上の作業に進めない物理的な課題もあった。

白蛇伝完成

56年7月に東映動画が発足したとはいっても、実態は、母体となった日動映画のスタジオをそのまま使い続けていた。その場所たるや、都立成城高校の敷地内にあるプレハブ2階建てで、お世辞にも「日本初のカラー長編アニメ」を制作するスタジオの体を成しているとは言えなかった。鉄筋コンクリート3階建ての新スタジオ（練馬区東大泉）の設計・工事も同時に進められ、竣工は翌57年1月である。それまでの、いわば仮住まいでは、多くの人員を雇い入れることもできなかった。

新スタジオに移転後、短編アニメーションに加え、重要な収入源であるテレビCM用アニメーション制作（56年8月から年末までに106本、57年には219本制作した）は順調だったが、『白蛇伝』は相変わらずストーリー構成が進まなかった。監督の藪下泰司も、最初の劇場用長編アニメということで慎重にならざるを得ないうえ、アニメ専門の強力な企画陣があったわけでもなく、決定的な脚本に至らないまま、企画中に練られた素材をもとに本番コンテ作りから始めなければならなかった、全編通して検討する余裕もなかった、という主旨の、当時の苦悩を回想している[22]。

こうした中で、57年の前半までには、赤川孝一の頭の片隅にあった「『白蛇伝』は場合によっては短編で」という構想は消え、完全に劇場用長編アニメとして制作する流れになったと考えられる。池田宏は、「動画スタジオを作って、短編だけではなく長編を作らなければという周囲からのプレッシャーもあったのではないか」と推察している[1]。恒例になった大川博のこの年（57年）の年頭挨拶では、「漫画映画の本格的製作」「輸出の振興」がはっきりと謳われていた。もはや、ぐずぐずしている猶予はなかった。

赤川孝一もようやく重い腰を上げて、同年8月、藪下泰司を伴ってアメリカへ長編アニメ制作事情の視察に出ている。東映動画発足1年後にしての実地研修である。赤川によれば、「大川社長の親心で、故マキノ専務と、山崎常務から『赤川、誰か1人つれて、アメリカに1ヵ月行ってこい』と命ぜられた」のだという[23]。

ただし、赤川、藪下の2人が、結局何を見てきて何を『白蛇伝』制作に活かしたのかはわからない。ディズニー・スタジオなどを訪問し、ライブアクションなど作画技法や彩色用絵の具、機器・設備、そして作画参考用のモデル人形制作の存在など、総合的に視察したようだが、2人とも具体的な回想を残していない。

その中で、橋本潔は「帰国した赤川さんから聞いたことはただ一つ、『雲までアメリカのほうを向いていたよ』というんです。つまり、アメリカ行きの飛行機の窓から見える雲が、みんな東（アメリカ）の方を向いていたという意味です」と語った[20]。これはまさに、「ディズニーの真似は絶対にやるな」と厳命していた赤川が、精一杯の皮肉を込めたというところだろうか。

2人の帰国後の57年12月、ようやく『白蛇伝』の作画作業が始まった。最も大きな課題はスタッフである。日動から移籍したスタッフは約30人だったが、これでは全く足りない。このため、作画を担当するアニメーターと、セル画のペイントなどを担当するスタッフらを美術大学や女子高校から急募して、57年末には109人まで増員した[9]。新人たちには日動のスタッフが研修を行いながら、本番の作業を進めたという。

翌1958（昭和33）年9月、『白蛇伝』は完成し、予告編には、序章で紹介した大川博の「日本で初めての総天然色長編漫画映画が、我が東映の手によって、完成いたしました」というスピーチが収録された。本格的な商業制作作品としては、紛れもなく日本初のフルカラー長編アニメであり、大川の誇らしげなスピーチのとおり、日本のアニメ史における記念碑的作品となった。一般への封切公開は、10月22日である。

結局、「1956年4月2日」に『白蛇伝』の何が始まったのかはわからないが、長編ではなく短編、もしくは中編の企画を模索しはじめたその時期を、後付け的に制作スタート時期としただけのことだろう。

長編制作継続の表と裏

『白蛇伝』は、少年時代に白蛇を助けたことのある青年と、その白蛇の化身である美しい女性との純愛物語である。彼女は青年に恋心を抱いているが、青年は、眼の前に現れた彼女が、かつて自分が助けた白蛇の化身だということに気づいていない。切なさも漂う、どちらかというと大人向けのドラマで、子ども向けの娯楽とは言い難い。しかし『白蛇伝』の興行成績は良好で、新聞や映画雑誌では一斉に批評が掲載され、これもおおむね好意的な内容だった。また、海外での興行にも供し、約9万5000ドルの収益を上げた[9]。

ただ、国内の興行成績でいうと、すでに二本立て興行の時代に入っているため、『白蛇伝』も中村錦之助主演の『一心太助　天下の一大事』との併映であり、これによる『白蛇伝』の興行成績への影響、いわば相乗効果については検証されていない。

それでも、無謀とも言える体制で制作された長編アニメが完成し、それが好意的に受け入れられたというのは、それだけで十分に評価できるものであり、東映動画のその後の道筋を

図5　パンフレット『東映』（1959）の東映動画紹介（筆者所蔵）
東映動画の『白蛇伝』『少年猿飛佐助』の図版も掲載されているが、右上のスタジオ全景は実際の写真ではなくイメージ画像になっている。

はっきり示すことになったのは間違いない。それはつまり、「東洋のディズニー」として、毎年1本長編アニメを継続的に制作することで、ディズニーに対抗しようというものである。実際、1959年には『少年猿飛佐助』、60年には『西遊記』、61年には『安寿と厨子王丸』という形で、順調に長編アニメが制作されていった（図5）。

しかし、池田宏が指摘した、生産性の問題は解消されなかったはずである。東映動画発足時に想定されたアニメーター1人あたりの作画量は、あまりにも過大なものだった。相当なベテランアニメーターであっても実現困難な作業量を前提とし、しかも短編ではなく劇場用長編アニメ制作が基本路線となって、さらにはそれに応えるべく集めたスタッフはほとんどが学校を卒業したばかりの新人だった。アニメーターとしての適性を考慮しないままスタッフが増え続け、結果的に、東映動画は徐々に赤字を抱え込んでいったと考えられる。

そもそも東映本社は、なぜそんな過大な生産性を事業計画に入れたのか。池田宏は、後になって日動の藪下泰司や山本善次郎にその点を確認したところ、日動が提出したデータのうち、都合のよい部分を抜き取って事業計画に盛り込んだのではないか」という答え[1]で、池田も唖然とするしかなかったようだ。

確かに、そうした事業計画上の生産性の問題に計画段階で気がつかなかった、そして長編アニメ制作という大規模事業がメインとなってからも修正しなかった、大川博を含む東映幹部らの責任は免れない。生産性の問題だけに帰着させるわけにはいかないかもしれないが、1971年に大川博が他界し、後を引き継いだ岡田茂が合理化を断行した1973年の段階で、東映動画の累積赤字は実に2億9000万円に達していた。当時の東映動画の社員数は336名、ここで150人の希望退職者を募ったのである。

それに、「日本のディズニー」という呼称は、劇場用長編アニメの殿堂であるというイメージがつきまとうものだが、大川博のアニメーションへの考え方とはズレがある。

大川は、あくまでアニメーションを「テレビとの関係」で注目していた。しかも、『鉄腕アトム』（1963）以降のテレビアニメシリーズではなく、テレビCM用アニメーションである。劇場用長編アニメについて、「ディズニーのうまみにあやかろう」という考えはあったようだが、それは周囲から大川に吹き込まれたことでもあった。

海外への売り込みはどうか。大川は、評論家の大宅壮一との対談で、大宅の「マンガ映画は採算が取れるのか」という問いに対して、次のように語っている。

（採算が）とれるどころか大へんもうかってます。もう大へんもうかってます。（爆笑）なぜもうかるかというと、四年前に私が動画スタジオを作りまして、今三百人程の絵かきがいます。ここでテレビのコマーシャルを大体一カ月四百から五百本程度作っているんです。それで三百人の人件費が全部償却できるんです。長編漫画は「白蛇伝」「少年猿飛佐助」「西遊記」と三つ作りましたが、いずれもいい成績です。[24]

そして、製作費5000万円を要した『少年猿飛佐助』は、国内配給で1億3000万円を稼いだこと、アメリカの映画製作会社MGMに10万ドルで売れたことを挙げて、長編アニメは元がとれた上に海外への配給権の契約でさらに利益を得たことを強調し、そもそもの必要経費である人件費はテレビCM用アニメーション制作で賄えている、というのである。

東映の映画の海外輸出について、「欠点とされていた日本語の非国際性を絵と動きで十分理解させ得る漫画映画の外国市場への進出も期待される」[9]という大川の念願も、長編アニメによってかなえられたようにも見えるが、これ以降、東映動画が自社作品の海外への売り込みを組織的、戦略的にやっていた形跡はない。

もちろん、東映動画が日本のアニメ界にもたらした功績は非常に大きい。中でも、後のアニメ界を担う多くの人材を送り出したこと、たとえば宮崎駿、高畑勲ら、スタジオジブリで多くの長編アニメを手がけた2人は、いずれも東映動画からアニメ界に入門した。

東映動画や設立者の大川博の功罪については、第4章でもう一度述べるが、大川が「東洋のディズニー」を目指したとすれば、それは時代を隔てて、スタジオジブリに受け継がれているといえるのである。

テレビは映画の「敵」ではない

1959（昭和34）年2月、大川博は雑誌『財界』から昭和33年度「経営者賞」を受賞した。同年12月には、『文藝春秋』誌で「経営者十傑」に選ばれた。肝心の東映も、1959年度中に専門館が1000館を突破し、総配給収入は85億円を超えたことで、4年連続の日本映画界トップの座を維持した。

『白蛇伝』公開が58年だから、大川博はこの時期、経営者としても、また再建した東映の業績としても、まさに絶頂期で、誰もが一目置かざるを得なかった。

一方で、映画の観客人口は1958年の11億2700万人をピークとして急減し、わずか5年後の63年には半数以下の5億1200万人まで落ち込んだ。翌年は東京オリンピック開催で、家庭にテレビが普及していった時期ではあるが、映画人口のあまりの急減ぶりに、各映画会社とも何らかの対策が必須だった。しかし、映画の観客がテレビに食われたとしても、当時の映画関係者はテレビを敵視、というよりも「テレビは子どものおもちゃ」（永田雅一）だとして、もとより相手にしていなかった。

その中で、大手映画製作会社で唯一テレビを積極的に捉えていたのが東映、そして大川博である。大川の「映画とテレビは共存できる」という持論のもと、東映はテレビ事業に乗り出すことになる。

NETの設立

日本のテレビ放送は、1953（昭和28）年2月1日にNHK東京テレビ局が開局したことに始まる。以後、民間放送として、同年8月28日に日本テレビ、1955年4月1日にラジオ東京テレビ（KRT、現・TBS）などのほか、56年12月1日には大阪テレビ放送（現・朝日放送）など、東京圏以外の地域でも、続々と開局した。

こうなると、全国でテレビ局の設立ブームのようになり、57年6月までにテレビ放送免許申請数は全国で86社153局[25]にものぼって、郵政省（現・総務省）が割り当てた放送用周波数をめぐって争奪戦が繰り広げられることになった。

東映は、1956年6月、「国際テレビ放送」という名称で設立を申請したが、すでに申請会社が乱立状態で、複数の会社と共同で免許取得せざるを得なかった。しかも、郵政省の方針で、関東地区で割り当てられる予定3チャンネルのうち2チャンネルを教育目的の放送に、ということになった。この教育放送枠に呼応したのが東映系の国際テレビ放送、出版社の旺文社が設立した日本教育放送、日本経済新聞社が中心となって設立した日本短波放送などである[9、26]。

結果的に3社に加え、新聞社・東京タイムズ系の国民テレビが合流して、4社で「東京教育テレビ」として免許申請した。申請発起人の代表者として大川博が就き、1957（昭和32）年10月10日の発起人総会で、社名を「日本教育テレビ（NET）」とすることが決まった。本放送開始は、1959年2月1日である。

NETが特殊だった点は、まず、業態の異なる複数の会社が共同出資したことである。資本比率は、東映系の国際テレビ放送、旺文社系の日本教育放送、日本経済新聞社系の日本短波放送の3社がそれぞれ30%、東京タイムズ系の国民テレビが10%である。その上で、創立時には会長に大川博、社長に旺文社社長の赤尾好夫[27]が就いた。

もう一つが、教育専門枠という建前から、放送免許には、放送内容として「教育」53%以上、「教養」30%以上、「報道」若干、「広告」若干と明記された。当時、世界的にみてもきわめてまれな、教育専門の商業放送となったのである。

しかし、急速にテレビが普及していた時期とはいえ、教育に特化した民間放送局というのは異質である。実は、NET設立の経緯に関して、大川博は具体的な発言を残していない。これまでに出版されている大川の伝記2冊でも、テレビ事業についてはほとんど触れられていない。大川とその周辺から、エピソードが得られなかったのだろう。

もともと大川は教育には興味があり、だからこそ東映内に教育映画部をつくり、教育映画制作に理解があった。しかし、その延長としてのテレビ事業での「教育」には、さほど熱意を持てなかったのではないかと思われる。大川が、テレビの将来性を見越したその先には、やはり東映本体と同じく娯楽路線があったのではないか。

一方、もう一つの大株主・旺文社の赤尾好夫は、生粋の教育者だった。旺文社という教育専門の出版社からしてそうだし、旺文社の設立者は赤尾好夫その人である。

呉越同舟

こうした、言ってみれば呉越同舟の企業体の運営が、ぎくしゃくしてくるのは当然である。実際、開局翌年の1960年11月には、赤尾社長が退任して会長となり、逆に大川会長が社長となって、大川は社風の変革を図った。教育専門局という「高い理想に燃えて出発はしたものの、それまでのステーションイメージのままで推移するならば、厚い視聴率の壁を一挙に突き崩せないばかりか、営業力にもおのずから限界を生じ」[26]るとして、キー局を中心としたネットワークの形成と、営業体制の向上を大川は目指したという。

同時に大川は、社名の日本教育テレビの呼称を「NETテレビ」に改めた。「教育」というキーワードにこだわらないようにというのが大川の考えだったようだ。

東映動画で『白蛇伝』制作に関わり、NET設立に参加した橋本潔は、開局当時のNETでのエピソードを次のように語った。橋本はNHKから東映動画に入り、テレビ制作経験者として当時貴重な人材だったため、東映が単独で国際テレビ放送を画策していた時期に、テレビ放送のいろはを東映幹部らにレクチャーした経験を持つ。

赤尾社長に対する我々スタッフの評価は厳しかった。開局翌年の新年に社長の挨拶があって、全員ネクタイ着用でと言われて、この会社は何なんだと思ったら、社長が「セネカ曰く」って（笑）。ええ、哲学者のセネカです。テレビ局の人間に、正月にネクタイ着用で出てこい、のっけからセネカだと、これでまったく社長として認めないという空気が出てしまいました。

大川さんに代わって、みんなホッとしました。やっとプロが出てきたと。ただ、とにかくお金がなかった。でも逆に、それで一番面白いテレビ局になりました。美術のお金がない、じゃあセットなしでいこうよ、スタジオに黒幕を張ってしまえ。必要なところだけにセットを組むから、そこにライティングをしよう、それで絵を作っていこう、そういう積み重ねがすごく面白いものになったんです。[20]

もちろん、橋本によるエピソードは、あくまで一スタッフによるものである。事実、大川が社長に就いても、「教育」にこだわる赤尾好夫との確執は深まるばかりで、この数年後には両者の抗争とでも言うべき事態に発展してしまう。

それでも、東映系列のテレビ放送局としてのインパクトは、決して小さくなかった。1963年1月、手塚治虫の虫プロダクションが放映を開始した『鉄腕アトム』は、アニメを映画館から開放し、一気にテレビアニメシリーズという新たな娯楽を提供することになったが、東映動画も同年11月から『狼少年ケン』、翌64年6月から『少年忍者風のフジ丸』、65年2月から『宇宙パトロールホッパ』など、続々とテレビアニメシリーズを制作し、すべてNET系列で放映された。

そして、テレビ映画である。NETは、開局記念番組となった『風小僧』、続いて『白馬童子』といった、子ども向け30分ものの実写時代劇を放映し、『月光仮面』（KRT系、58年2月放映開始）と並ぶ人気作となったが、制作はいずれも東映京都撮影所である。時代劇仕立てにして子ども向け、まさに東映娯楽版のテレビ版であり、映画会社が本格的に制作したテレビ番組の先駆けとなった。

もっとも、当時は名の知れた映画俳優がテレビに出演することはあり得ないわけで、これらテレビ映画では、東映ニューフェイスなど新人俳優を出演させたが、その面々には、山城新伍、北大路欣也、千葉真一らがいた。

こうしたテレビ映画制作専門の会社として設立（1958年7月）されたのが、東映テレビ・プロダクションである。

ところが、ほぼ同時期、東映本体に次ぐもう一つの劇場映画の配給網を整備するという構想が具体化しはじめた。つまり、それまでは東映が制作していた作品を自社二本立てで配給していたものを、さらにもう一つ別の配給網を整備し、そのための映画を量産しようというのである。

この構想のため、東映テレビ・プロは設立から1年も経たない59年2月に東映テレビ映画と改称され、さらに同年5月、「第二東映」となった。

第二東映の失敗

繰り返しになるが、大川博は「テレビが普及発展したら、映画企業にも相当の影響が来る」と予測しつつ、「映画企業とテレビの両立を計って行くべきで、映画企業が今までのように甘い汁を吸って行けると思ったら、これは大変な間違い」と述べている[28]。

NETが始まり、テレビ映画専門の会社を作るという斬新な一手を打ったのは、あくまでテレビの将来性と独自性を見越して発展させるという考え方である。それがなぜ、「日本映画界の収入の半分は東映が戴く」[29]などという野心をあらわにして第二東映を設立したのだろうか。それに、当時東映テレビ映画が制作した作品は、テレビ放映に供した後、劇場に配給していた。これは、テレビが低く見られていた当時の映画界の常識からして考えられないやり方だし、大川自身、「テレビには劇場で上映する映画は決して放送させない」[28]と述べていたはずである。

この頃から、大川博の言動には矛盾が目立つようになり、ワンマンとは言われ続けてきたが、ワンマンというよりはワガママで、時には社業とプライベートの混同もあらわになっていく。

第二東映株式会社は、1959年5月、東映テレビ映画を改称する形で発足した。それまでの東映（いわば第一東映）に続く配給網である。実際に第二東映作品として制作された映画が配給されたのは1960年3月からで、結果的にこの年、第一東映は104本、第二東映は52本、合計156本という制作本数になった。これは、新東宝が加わって6系統になっていた日本映画界で制作された全映画の約30％に相当する。

さすがに京都撮影所では「やってられない」という意見が大勢を占め、御大と尊称されていた片岡千恵蔵も「今度ばかりは無謀だ、許せん」と、撮影所で反対派を結成した[30]。とりわけ、二本立て興行になって以来、ただでさえ過酷な制作現場となっていた撮影所の反発が大きいのは当然だった。

しかし、大川は姿勢を変えなかった。恒例の年頭挨拶で、大川は「第二東映に反対する者は東映を去れ」とまで言い放ったという[31]。発足した第二東映を含めて東映は映画を量産し続けるが、テレビの普及による観客減少の波に対応できず、「量産」すなわち「粗製乱造」の様相があらわになるだけだった。

第二東映は1961年から「ニュー東映」と改称して業績向上を図ったが、その効果はなかった。さらには、やはり経営が悪化していた新東宝との合併という案が、新東宝側から持ち込まれたが、合併条件が二転三転し、ご破算になった。

結局、第二東映は同年末で制作を打ち切り、幕を閉じた。発足からわずか2年半、大川博によって奇跡的な再建を成し遂げたそれまでの東映を疲弊させただけに終わり、大川にとっては大失策となってしまった。現在に至るまで、日本映画史の中で第二東映を評価する意見に接することはない。京都撮影所の渡邊達人は、量産のために、深作欣二、工藤栄一、佐藤肇ら新人監督がデビューし、「次の時代の中核となったことは唯一の収穫」[31]としているが、これは皮肉だろう。

映画を捨てる道

なぜ、ここへきて大川は方向性を見誤り、失策を犯したのか。

実は、第二東映発足の少し前の1957年12月9日、「映画の素人」だった大川博を事実上支えていた企画の首脳・マキノ光雄が48歳という若さで急逝している。これによる企画力の減退は無視できなかったはずだが、大川はそれに気がつかず、突っ走ってしまった感がある。また、大川にとって最大の恩師であり、あらゆる機会の相談相手であり、東映の中でただ1人大川に物申すことができた五島慶太も、第二東映発足直後の1959年8月に他界している。五島慶太の後を引き継いだのが息子の五島昇[32]だが、五島昇と大川は、そりが合わなかった。

「映画を知らない」と揶揄された大川博が、どんなに周りから反対されようと、彼のアイデアが成果を出しているうちは、周りもそれなりについてくる。しかし、一度失敗を犯すと様相が一変し、しかもそのときには大川にとって大きな後ろ盾だったマキノ光雄と五島慶太はこの世を去っていた。

映画産業が低迷する中、東映は経営を多角化していくが、アニメーション、テレビ、プロ野球にとどまらず、ホテル経営、ボウリング場、不動産、タクシー業などに業容を広げ、当時の東映の内情を知る人物によれば、実現はしなかったが、今でいう消費者金融、飲食店チェーンなどに手を染めようとしていたこともあったという。端的に言えば、東映は映画を捨てるオプションもあったと考えてよい。

いつとはなく東映内に形成されていた反大川派の存在と声は大きくなり、大川博は、孤立を深めていくことになった。

東映フライヤーズ日本一

1960年代半ばからの大川博は、公私共に疲弊していく。第二東映失敗以後、長年関係のあった東急グループからの離脱、NETテレビでの経営主導権をめぐる内紛、お膝元の東映での反大川派の増大、そして後継者問題など、どれをとっても、かつて倒産寸前の東映を再建した大川博のカリスマ性を感じ取ることは難しい。

そうした中、1962年の東映フライヤーズ日本一は、彼にとってこの時期最大の、そして最後の光だったかもしれない。

金は出すが口は出さない

1947年に誕生した東急フライヤーズは、1954年、親会社が東映に移って「東映フライヤーズ」と改称し、大川博は引き続きオーナーに就くが、順位は5～7位と低迷を続ける。1959年のシーズンには初の3位、Aクラス入りとなったが、この年に新人選手として打率2割7分5厘の成績で新人王を獲得したのが、後に3000本安打を記録した張本勲である。しかし翌年の順位は再び5位に沈んだ。

この間、フライヤーズにとって、いくつかの転機があった。その一つは、東京・世田谷の駒沢球場の完成である。それまでの後楽園球場に代わるフライヤーズの新たな本拠地として、1953年9月に完成した。もっとも、大川博によれば、大入り満員だったのは開場式の日だけで、あとは閑古鳥が鳴いていたという[33]。

その翌年、フライヤーズの親会社が東急から東映に移る。球団の赤字が膨らむ中で、大川は「愛着があった」フライヤーズを、経営が軌道に乗ってきた東映で引き取った。ちなみに、本拠地を駒沢に移すことも、親会社を東急から東映に移すことも、大川はその都度、恩師・五島慶太に相談し、意見を求めている。東映が親会社になる際には、大川は「駒沢の球場に行く人の、電車・バスの運賃の半額を、東急から東映に出していただくこと」という条件を五島に出し、「五島さんは大きくうなずいた」という[33]。

この頃から、駒沢球場に自宅が近かった大川の駒沢球場通いが始まる。大川の三男で当時小学生だった大川聰は、「父にはほとんど毎日のように、駒沢球場にフライヤーズの野球を観戦に連れて行ってもらうようになった」と回想している[34]。

その後も、監督など首脳陣の交代、選手の若返り、駒沢球場のナイトゲーム用の照明設備の完成など、改革を進めようとするが、チーム成績の低迷は続いた。

そんなフライヤーズが、張本勲入団翌年の1961年のシーズンから水原茂を監督に迎える。水原は、読売巨人監督として、その在任期間11年で8度のリーグ優勝、4度の日本一に導いた名将である。

前年（60年）の9月末、リーグ優勝を逃した巨人の水原が監督を辞任するらしいという情報を聞きつけた大川は、極秘に水原本人にコンタクトをとろうとするが、水原の動向を追うマスコミの眼をかいくぐるのが難しく、やっと11月になって水原との面談が実現する。さっそく水原に東映監督就任を打診するが、水原から出たのは「私はまだ巨人に籍がありますから……」というあいまいな返事だった。

大川は、巨人の正力松太郎から「水原を辞めさせる気はないが、水原が他の球団に行きたいというなら、それはやむを得ない」という意味の発言を得て、今度は水原の自宅を訪問し再び説得する。大川によれば、このとき大川が水原に「球団経営一切を、あなたに任せる」と言ったというが、これがマスコミから「金は出すが口は出さない」という大川の名文句として伝わった。さらに同時期、大映社長にして、当時は大毎オリオンズのオーナー・永田雅一も水原獲得に動いていると知るや、大川は永田を説得し、大映の水原獲得のプランを取り下げさせた[33]。

そして12月8日未明、水原から監督就任承諾の電話が大川のもとに入り、東映フライヤーズ監督・水原茂が実現した。

日本一、そして黒い霧

数年前から選手の世代交代を進め、戦力を整えつつあった水原フライヤーズ1年目は、最終的に南海ホークスにリーグ優勝こそ奪われたものの、エースの土橋正幸が30勝（16敗）、張本勲は打率3割3分6厘で初の首位打者を獲得、チームは堂々の2位に入った。

かつて、東急フライヤーズとして球団が発足したとき、野球にほとんど興味がなかった大川は、この頃にはすっかりプロ野球通になっていた。投手力、打撃力、守備力を分析し、どこに穴があるのか、どこを補強しなければならないのかを見極め、「弱体内野人強化、そのためには金はいとわん」と、チーム編成に意見するようになった。そのことが、「金は出すが口は出さない」という宣言を撤回したものかどうか、水原の証言はない。

そして、1962年。東映フライヤーズはリーグ初制覇を果たす。この年はリーグ半ばのオールスター戦までに51勝21敗、2位の大毎オリオンズに16ゲームもの差をつける圧倒的な強さを発揮したが、9月30日、2位につけていた南海ホークスが近鉄バファローズに敗れたことでフライヤーズの優勝が決定、大川博は、この1週間ほど前に特別に作らせたという「背番号100番」のユニフォームを着て、報道陣のカメラのフラッシュを浴びた（図6）。

その夜は、自宅の庭で祝勝会となり、水原茂監督以下全選手が集まったという。

結果的にこの年のフライヤーズは、阪神タイガースとの日本シリーズでも4勝2敗1分で制し、日本一のタイトルを獲得した。

大川博は、フライヤーズ日本一に際して、次のような言葉を残している。

図６　背番号100のユニフォームを着た大川博（提供・大川聰）

日本の美として松がある。松は風雪にさらされながらも、その毅然とした姿を残す。松の美しさは、こうした苦しみを耐えぬいたところにある。東映フライヤーズも、これからいよいよ年輪の美しさを出していかなくてはなるまい。[33]

倒産寸前の東映を制作本数日本一の映画会社に育て、万年Bクラスの東映フライヤーズの日本一の場面に立ち会う、大川のいう風雪にさらされながらも毅然とした姿の「松」とは、まさに自分自身の姿を描こうとしたものではないか。

フライヤーズは、日本一の座についた翌1963年から5年連続でAクラス入りを果たすが、優勝には至らず、水原茂監督は67年のシーズンを最後に、フライヤーズのユニフォームを脱いだ。大川博に代わってオーナー代行の職に就いた大川の長男・大川毅（たけし）から解任を言い渡されたのだ。しかしそれ以上に、日本一になってから、「縮小、縮小で、一人をとれば一人をすぐやめさすというふうなやり方をはじめた」「着々と計画したことが、全部崩れてしまった」と、水原は回想している[35]。

対する大川の発言は残っていない。1960年代半ば以降、大川博は、東映本社、東急グループやNETテレビとの関係など、多くの場面で苦境に立っていたことはすでに述べた。その原因が大川博自身にあったことを指摘する意見は少なくない。水原の言う大川が「変わってしまった」というのは、当時の大川を色濃く反映した言葉と言えるかもしれない。

1969年、日本のプロ野球界を大きく揺るがした八百長事件、いわゆる「黒い霧事件」は、翌70年、東映フライヤーズの2選手も八百長に加担していたことが発覚し、大川博は自ら選手らの事情聴取を行うなど、不本意な日々が続いた。八百長への関わりが少ないことを理由に大川が両選手に下した処分が軽すぎるのではないかというマスコミの追及に、大川は2人とも「まだ子どもだよ」と応じるしかなかった[36]。

第4章　忘れられた創業者

映画を知らないという自嘲の裏側

1971（昭和46）年8月17日未明、大川博は波乱に満ちた74年の生涯を閉じた。6月から東京都内の病院で治療中だったが、その死は「急死」に近いイメージで、多くの関係者を驚かせた。

8月24日の青山葬儀所での葬儀の参列者は約7000人、その中には、鉄道省時代の上司だった佐藤栄作首相や、同じ新潟県出身でNETテレビ免許申請時の郵政大臣だった田中角栄らの姿があった。もちろん、片岡千恵蔵、市川右太衛門、高倉健、藤純子ら東映名優陣らも集まり、大川とは犬猿の仲だった五島昇・東急社長も姿をみせた。

松竹社長の城戸四郎は大川の死に際して、予算制度の合理化、二本立て興行、深夜興行の恒常化など「氏の業績はまことに巾広い。一方に批判もあったが、結果において氏の業績は、直接映画製作にたずさわるものたちの活動の場をひろげ、その生活を支える役割を果した」[1]と評した。まさに、大川の業績を端的に言い当てている。城戸と大川はゴルフ仲間で、大川の夫人が最初に訃報を伝えた相手が城戸だったという。

後継者をめぐる混乱

大川の死は、マスコミで大きく報じられ、特にその後継者について注目が集まったが、結局、大川が深い信頼を寄せていた常務取締役・企画本部長で、当時47歳の岡田茂が社長職を引き継いだ。しかし、大川は生前に後継者を指名していたわけではない。大川の生前は、大川の長男で、東映の関連会社勤務を経て33歳の若さで東映の役員（専務取締役）となっていた大川毅が後継者と噂されていた。何より、大川博が長男を可愛がり、社内で重用していたからでもある。

本書ではこれまでほとんど触れなかったが、大川博や東映に関する文献を読んでも、また当時の事情を知る関係者らに話を聞いても、長男は「ジュニア」と呼ばれ、その評判は非常に悪い。長男は役員となってから、自分の意に染まない社員に暴力をふるい、左遷し、病気欠勤中の社員の机を取り払うといった行為に及んでいたという。これにより、撮影所とは別にできた本社の労働組合が猛反発し、長男の追放運動を起こし、本社の業務はマヒ状態に陥るほどにまで対立はエスカレートした。

そもそも、大川が長男を重役に取り入れたのは、観客動員の急減によって斜陽化する映画産業にとどまらない業態多様化の一環として、ボウリング事業を軌道に乗せ、東映を総合娯楽企業へと転換を図るその担当者としたところに始まる。1960年代から70年代初めにかけて、いわゆるボウリングブームが起き、東映はこのブームに乗じて、最盛期には28センター、648レーンを有するまでになった。大川はこのボウリング事業の責任者として、長男と、義理の息子（大川の娘婿）を指名した。大川としては、長男に一事業部門の全権を委ね、帝王学を伝授しようという心積もりがあったのかもしれない。

しかし、「この若い二人は功を急ぎ、合理化の名のもとで左遷、酷使政策をとり、文字通りの弾圧政治をひきはじめた」[2]。

混乱する社内の状況に、大川博が気づかないはずはないのだが、「息子はよくやっておるよ。ただ多少やりすぎることがあるだけ」[3]と擁護した。その一方、組合による吊るし上げを恐れて本社へ出社さえしなくなった長男を、役員から外すこともしなかった。

いずれにせよ、大川博が東映社長の座に就きつづけることができたのは、撮影所からどんなに反発を受けようとも、東映の業績回復、日本映画界トップの収益など「結果」を出してきたからであり、その「結果」が裏目に出たジュニア問題は、これまで鳴りを潜めていた組合員らに格好の攻撃材料を与えることになってしまったことは間違いない。

客観的にみれば、一代で大企業に育て上げた首領が君臨する会社にありがちなお家騒動である。しかし大川の死後40年以上を経た現在でも、当時を知る関係者が一様に「ジュニアがねえ」と慨嘆し、それをどこか大川博その人のイメージにつなげようとする空気があるのは、救いようのない、もしくは修正しようのないダメージをもたらしたということなのだろう。

大川博の長男・毅は、1933年12月生まれ、慶應義塾大学法学部卒業後、アメリカ・南カリフォルニア大学に1年間留学し、帰国後東映に入っている。帰国翌年の1958年に結婚、夫人は学生時代に知り合った東映ニューフェイスの女優だった。夫人と、生まれて間もない長男とともに紹介された記事での毅は、「いかにも落ちついて風格のある青年紳士」と紹介されている[4]。

大川の死後、後継者について話し合う場で、「社長は毅君がやるべきだ」と切り出した岡田茂に対して、毅は「岡田さんがやってください。私には自信がないんです」と返答し、しばらく経って岡田が社長就任を決断すると、毅は岡田の自宅まで挨拶に来たという[5]。

映画界のカリスマ、押しも押されもせぬワンマン社長の長男であってみれば、たとえ忍び足で歩いたとしても衆目にさらされよう。その緊張感は、一般の社員などにはわかりようもない。繰り返すが、「ジュニア問題」はありがちなお家騒動と考えるべきであり、衆目にさらされた長男に対して、筆者はわずかながらも同情の念を禁じ得ない。

そして、こうした問題が、大川博その人のイメージに上塗りされ、それが今日まで大川博の存在を忘れさせ、研究・再評価を遅れさせた一因になってはいないか。一方で、1977年に他界した松竹の城戸四郎や、1985年に他界した日活・大映の永田雅一らの業績は没後に再評価され、あるいは、再検討されつつある[6]。

忘れられた功労者

もうひとつ、大川博の人物イメージに常についてくるのが、大川は「映画を知らない」という評価である。これは、大川自身が自嘲気味に繰り返し発言していただけではなく、撮影所のスタッフから俳優に至るまで、多くの関係者の大川博評として浸透している。

映画を知らない大川博が、日本一の映画製作会社を育てたところが面白いのだが、撮影所など現場スタッフらは、普通「大川博が日本一の映画会社を育て上げた」とは言わない。そして、映画は撮影所が作り出すものであり、往年の時代劇映画、仁侠映画などを愛するファンや研究者らによって、東映の歴史は語り継がれてきた。予算を絞り、過酷な制作スケジュールをもたらした二本立て興行や第二東映の創設を断行した大川博は、映画愛、東映愛に溢れた者たちの輪の中に入れてもらえない。

ただし、大川の人柄や仕事のやり方について、好意的に語り継いでいる者は決して少なくない。1960年代、東映の仁侠映画のプロデューサーとして活躍した俊藤浩滋[7]は、「大川博という人は、面白いというては何だが、じつに魅力的な人物だった」として、金銭には厳しかったがケチではない、映画の中身の善し悪しはわからなかったが、今何にいくら予算をかけて、それが当たるか当たらないかという勘が鋭かったという。俊藤の回想をもとに彼と大川とのやりとりを再現すると、「社長、この映画は当たります」と俊藤が企画案を手に迫る、「チミ、本当に儲かるか？」と大川が問い返す、俊藤「絶対儲かります」、しばらく考えた大川「よし、やろう」、万事こんな調子だったという[8]。

1959年、東映の特撮技術課に入った特撮技師・矢島信男[9]は、大川から「これからは特撮と動画の時代だ」と言われ、「幅広く将来を見据え」「今までに無いアイデアを実行していった」のが大川だったと回想する。しかも、矢島は「大川さん直属の契約社員という立場」になり、機材を買うのも撮影所内に特撮用のプールを作るのも、どんどん予算がついた。さらには、どういうカラクリなのか、京都出張では旅館ではなく国際ホテルに宿泊でき、録音部からは当時数百万円する機材を買った上で「矢島さん、あんたの名前で買ったから、上手く話を合わせてもらえないか」などと言われたという[10]。大川は時としてそうした人の使い方、金の使い方をするのだ。

そして、大川博の死後、社長職を継いだ岡田茂の存在が大きい。岡田は回想録で、予算主義によって東映を再建し、活動屋ならば決して出てこない大胆なプランを断行した大川の仕事を十分に評価しつつ、第二東映や、長男・毅の行動に端を発する労務問題など、大川の失策も的確に指摘している。何より、東大出でありながら猛者が入り乱れる撮影所を束ねた現場たき上げという、大川博とは正反対の経歴を持ち、映画産業が斜陽化した1960年代には企画本部長として仁侠映画から「東映ポルノ」と称される成人向け映画、それらの上映のための深夜興行など業態を拡大した。「東映の映画は不健全映画」という悪評には全く耳を貸さず、あくまで観客重視の姿勢を貫いて、次々と新機軸を打ち出した「日本映画界のドン」が岡田茂である。その岡田が、いわば「大川博を綺麗に総括した」ために、大川博は映画界、そして研究・批評の世界からもフェードアウトしていった。

映画界の功労者というよりも、丸眼鏡にチョビ髭、太めの体躯、「チミィ」という二人称を使う典型的な昭和のニッポンの社長——それが大川博だということで、現在に至っている。

イメージとしてのワンマン経営者

大川博のワンマン経営ぶりも、さまざま言い伝えられてきたが、そもそも「ワンマン経営」とは、どういうことを指すのか。大辞泉では「社長が、他の社員などの意見を聞かず、独裁的な経営を行うこと」とあるが、だとすれば、大川博の経営手法と比べると正反対とは言えないにしても、ワンマン経営とするには少なからず違和感がある。大川が厳しく対応した、つまり「他の社員などの意見を聞かず」対応したのは予算管理であって、それさえクリアされていれば、「映画を知らない」大川ということで、社内での試写やタイトル決定の場には入っていたようだが、映画の中身にはタッチせず、現場に任せていたからである。

しかも、その予算管理も例外がないわけではない。1本1100万円という予算枠を厳守していた時期に、結果的に4000万円を費やした映画『ひめゆりの塔』や、先の俊藤の回想にあったように、時には大口の予算も認めていた。東映動画の設立では、長編アニメ制作がどのような結果になるかがわからない段階で、巨費を投じてスタジオを建設し、最新機器を導入する、大博打とも思える先行投資を行っている。

大川博の周囲の関係者らが大川を「ワンマンだった」と感じることと、大川が経営者として「ワンマン」ではなかった」かは、まったく別である。そういう意味では、大川は元来「ワンマン」ではなかった。むしろ、大川の予算管理の厳格さには若干の隙があるのだから、その隙を見出して、「映画を知らない」大川をどう言いくるめようかと腐心していたマキノ光雄以下撮影所の面々の行動は、結果的に大川の術中にはまっていたとさえ思えてくる。

ただ、大川博が「ワンマン」だと見られていたことは確かであり、それによるイメージが社内外で流布していたとも言えるだろう。とすれば、ワンマン経営者の別の意味での弱点に留意する必要がある。

他人の意見を聞かないとか、独裁的であるとかいうワンマン経営の弱点は、現在進行形で生じるものである。それとは別に、中長期的に生じること、たとえば本人の加齢による思考力や決断力の衰えに本人が気づかない、そして結果的に冷静さを失うとか、社会情勢の変化によって商品（映画）や労務環境を変えていかなければならないのに、それができないとか、後継者を育成できていないとか、そういったことである。どれも、少なからず大川博に当てはまってくるように思われる。

NETの内紛

東映の社長就任をしぶる大川博が、「馬鹿なっ！」と五島慶太から一喝され、大川は覚悟を決めたわけだが、大川が社長職を受けざるを得なくなったのは、実は大川の男気ゆえのこととは言えない事情がある。当時東急電鉄は、台所が火の車だった東横映画に、東急が親会社であるという理由で5～6億円を融通しており、その責任者が経理担当専務の大川だった。第1章では触れなかったが、焦げつきが確実とも思えたこの資金投入に対して、東急の株主らは大川を特別背任で東京地検に告発するという事態になってしまった。

大川は地検から呼び出しを受けたが、「特別背任罪になるかもしれない。しかし、それは回収できなかった場合だ。……必ず回収」してみせると宣言して、「検事も、審査をのばしてくれ」たため、自分が責任を取る形で東映の再建に乗り出さざるを得なかったというのが実情だったのである[11]。

もちろん、東横映画への融資は、大川が役員会に諮らず独断で行ったとは思えないが、大川が責任を問われるというのは、相応の事情があったのだろう。そしてその後の東映の急速な業績回復を見ると、大川の「必ず回収してみせる」というプランは実現したことになり、日本一の映画制作本数・配給収入を記録するという、「おつり」が何倍にもなって戻ってきたとも言える。この頃は、大川のワンマン社長としての力量が発揮されたわけだ。

しかし、1959年開局のNETテレビでの騒動は、大川のワンマン社長としての弊害が露呈したと言わざるを得ない。

教育専門局として開局したNETが、業績不振により、わずか1年で初代社長の赤尾好夫は退任し、大川博が後を継いだこと、その後大川は社風を変えて業績回復を狙ったことは、第3章で述べた。この時点で、NETの社長職は、大川と赤尾の輪番制にする取り決めがあったのだが、大川は赤尾との交代を渋り、1964年、その対立がピークに達する。

赤尾が特に問題視したのは、大川は社長職を引き継いだ4年間に億単位の使途不明金を発生させ、それを正そうと赤尾が差し向けた公認会計士らも門前払いにしたことである。業を煮やした赤尾は、「すでに決定的瞬間は迫っている。報道機関は内容の公開を迫っている。司直はすでに気づいているらしい」「私はあなたを不幸にはしたくない」と、脅迫とも思えるメッセージを大川に突きつけた[12]。大川は、2億円とも言われた使途不明金について、「どこの会社だって、多少の機密費というものがあるのは常識だ」と反論し、法廷闘争も辞さない強硬姿勢を見せたが、形勢は大川にとって明らかに不利だったようで、当時の東映の幹部が大川を説得し、同年11月、大川がNET社長を辞任するという形で事態の収拾を図った。その不利な形勢が何だったかは明らかではないが、諸種の状況を考え合わせれば、NETと東映との利権が絡み、少なくとも大川の周囲からみて、大川による利権の私物化であると理解されるような様相だったと想像できる。

東急と大川商店

ほぼ同時期の1964年9月、東映は創立以来グループ関係にあった東急から分離、独立資本の道を歩むことになった。

そもそも大川は、東急専務から東映へと移籍し社長に就くという経歴で、東映再建成功後、ゆくゆくは東急電鉄社長の座を狙っていた。狙っていたというよりも、大川が東映社長に就く際に五島慶太と交わした「条件」だったという話も伝わっている[13]。しかし、東急社長には五島慶太の長男・五島昇が就き続けた。結局、この分離劇も東急グループにおける五島昇と大川博という二大巨頭による内紛である。経済評論家の三鬼陽之助は、「五島慶太死後、五島二代目（五島昇）は、大川博氏が東映再建で血の小便をした努力を軽視して感謝せず、一方、大川氏も、五島慶太氏への恩顧を忘却、自分一人で東映を再建したがごとき錯覚におちいってしまった」と評した[14]。

分離・独立資本であるから、東映、東急とも、株式の持ち合いを止め、役員を派遣し合うこともなし、ということである。五島昇は岡田茂に対して、東映は「大川商店になる」と嘆いたという[5]。

この頃から、大川博の後継者と目されていた長男・大川毅の問題行動も目立ちはじめ、しかもこの数年前、大川は第二東映で失敗している。「大川商店」になることは、すなわち悪い意味でのワンマン、ワンマンというよりはワガママ、独善的な会社運営の様相を呈してくることを意味すると周囲から解釈されてもやむを得ない。長男の問題行動が、社内全体に「反大川」の波をうねらせていることを東映社外の労務専門家から指摘された大川は、苦虫を噛みつぶしたような表情で、その労務専門家を罵倒したという[5]。

東映動画の経営はどうだったのか

社長としての大川博の大きな功績と言える東映動画について、再検討してみよう。

1956年7月に発足した東映動画は、紛れもなく日本初の大規模で集約的なアニメーション専門スタジオである。苦難を経て完成・公開された『白蛇伝』以後、文字どおり「日本のディズニー」として、年1本の長編アニメを送り出していく。

虫プロダクションの『鉄腕アトム』(1963−1966)の成功以後、東映動画もテレビアニメシリーズ中心の効率重視の作品制作体制に移行していき、1970年代以降はオリジナルの劇場用長編アニメをほとんど制作しなくなった。言うなれば、「日本のディズニー」という呼称に似つかわしくない制作姿勢に変わってしまった。

それでも、80年代には『Dr.スランプ アラレちゃん』『北斗の拳』『聖闘士星矢』、そして『美少女戦士セーラームーン』など、主に人気漫画をテレビアニメ化することでヒットメーカーの地位を揺るぎないものとした。1998年10月には東映アニメーションと商号を変え、資本金28億6700万円(2015年3月末)、従業員数569名(単体325名)、2000年12月には東証ジャスダックに上場、日本アニメ界のトップ企業として、現在に至っている。

しかし、東映動画がトップ企業として落ち着くまでには紆余曲折もあった。その最大の「事件」は、第3章でも触れたが、1971年8月に大川博が他界し、後を引き継いだ岡田茂が合理化を断行した1972年である。

岡田は、労務管理の専門家でもある登石雋一[15]を東映動画社長に据え、当時在籍していた社員336名に対して150人の希望退職者を募った。この時点で、東映動画の累積赤字は2億9000万円に達しており、岡田は「動画は東映のガンだ。ガンは放置しておいたら、やがて病巣は東映の全身に広がる。ガンは小さいうちに切開手術するのが医者（経営者）の義務だ」という衝撃的な発言[16]とともに合理化を断行した。岡田はまた、東映動画についても「つくればアカ（赤字）が出る。食ってはいけない。……〝良心〟などといってはいられませんよ。商売は商売ですから」とも語っている[17]。

当然ながら東映動画の労働組合は猛反発するが、団交による闘争に入ろうとする組合側に対して、会社側は同年8月から約5ヶ月もの長期に渡ってロックアウトを行い、百数十名の組合員が配置転換、自主退職、または解雇され、「合理化」は実現した形になった。岡田は、大川博の最晩年、大川の長男を排除しようとする東映本社の労務問題をやはりロックアウトで乗り切った「実績」があり、事前に労務専門の登石を東映動画に送り込んでいたことを含め、岡田の描いたシナリオどおりに事が進んだとも言えよう。登石は「最悪の場合解散も止むを得ないと腹をくくったが、どうやらトントンの線で立て直す目途がついた」と岡田に報告[16]、岡田は東映動画存続を決めた。

つくればアカが出る

岡田のとった方策は、会社組織存続のための常套手段ではあるが、それにしてもなぜ東映動画は「つくればアカが出る」という状態に陥ったのか。これはやはり、現在でも「アニメ制作費の9割が人件費」と言われるほどに人件費を要し、当時の東映動画の収支が、まったくバランスが取れていなかったということである。

例えば、制作期間1年を要する劇場用長編アニメの場合、作品が完成・上映されて収入が得られるまでの1年間の大半の人件費や諸経費は、ほかの何らかの資金源に頼らなければならない。毎月4本以上という制作ペースを確実にこなしていた劇映画部門とは、ここが根本的に異なる。設立初期の東映動画は、テレビCM制作による収入が、事実上長編アニメ制作のための運転資金になっていたことは、テレビCM制作で「三百人の人件費が全部償却できる」という大川自身の発言とともにすでに紹介したとおりである。

当時、東映動画でCMアニメ制作に従事していた島村達雄（現・白組社長）にこの点を問うと、「そりゃあそうでしょう。CM制作課が日銭を稼いでいたんですよ。たぶん（当時の東映動画の人件費の）9割以上はCMが稼いでいたんじゃなかったでしょうか」と語った[18]。

その東映動画のCM制作部署も、1969年10月、「東映シーエム」として別会社に改組される。東映グループの連結ベースでの変化はないかもしれないが、東映動画単体で見た場合の収支には影響が及んだはずである。

こうした東映動画の顛末の要因は、健全に利益を得るための生産性、端的に言えばアニメーターがどれくらい速く優れた絵を描けるかが重要であるにもかかわらず、それに見合わない人材を大量に雇用した「生産性の欠如」にあるというのが、池田宏の見解である。

東映動画の元々の設立趣旨に立ち返ってみると、当時東映が目指していた映画の海外輸出の商材としてアニメーションが俎上にあがり、同時に「日本のディズニー」として、本家のディズニーに対抗しうるような、子どもをターゲットにしたビジネスの確立という狙いがあったのは確かである。

しかし、すでに当時の会議資料の検証で明らかなように、東映動画は、あくまで東映本体の教育映画部という一部署を発端として、しかも教育映画部を改組するのではなく教育映画部を残した上で、短編アニメーション制作を前提として設立されたものである。海外輸出とか「日本のディズニー」とかいうのは、それが実現可能な設立計画になっていない以上、ほとんど意味を成さないスローガンだったと言わざるを得ない。そもそも、当時の東映の経営陣が、海外輸出や新たな商材としてのアニメーションに、どの程度理解があり、熱意を持っていたかも疑わしい。

その中でも、確かに大川博はアニメーション制作とその可能性に注目し、大川の決断で東映動画が設立され、さらには東南アジア映画祭で海外とつながりができた大川の意向を受ける形で、短編ではなく長編アニメ制作へと方針転換された可能性は高い。

だが、長編アニメ制作を前提とした事業計画はなく、また作成された事業計画もずさん(アニメーター1人あたりの生産性が過剰に見積もられていた等)だった点を大川ら経営陣は見抜けなかった、もしくは検証し改善しなかった。2度の増築を含めた動画スタジオへの巨額の設備投資や、長編アニメ制作のための大量の人員を雇用も重なり、東映動画は累積赤字を抱え、「東映のガン」と断じられるまでになってしまった。

経理と経営の狭間

それにしても疑問なのは、あれほど数字にうるさく、経理のプロだと自認していた大川博が、東映動画の累積赤字の現状や原因を探り、何らかの対策を打たなかったのはなぜなのだろうか。それは、大川博は経理のプロではあっても、経営のプロとは言えなかったからではないか。

経理とは、会社の財産の管理、会計、構成員らに支払う給与等、金銭の出入りの総額をもとに、それを数値的に管理するものである。したがって、どちらかというと日々の短期的、もしくはその場その時の対応が求められる。一方経営は、会社の事業とその目的を定め、その目的を達成するための計画を立て、実行、そして管理するものである。したがって、先見性、予測性、継続的な対応が求められる。

もちろん、大川博は東映社長という経営者である。たとえば、アメリカ視察を経て日本でのテレビ普及を予測し、映画とテレビとの共存を唱えていたところなど、経営者としての優れた先見性を発揮した。また、人事でも、岡田茂、今田智憲といった人材を早い時期に見出し、当時27歳の岡田を京都撮影所製作課長に抜擢、予算管理の全権を委ねた。

しかし、その撮影所の件でいうと、東映の再建にあたって、財務状況を再検討し、1本1100万円という映画制作のプロであれば決して出せない予算枠を設定しつつ、確実に得るべき利益についても目標を設定して、それが達成できたというのは経営者としての大川博の功績ではあるが、なぜ目標が達成できたのかと言えば、それは撮影所が大川の方針に従って確実に映画を制作し続けたからである。撮影所には、目標を踏まえて実行し実現させる、そして企画の適性を判断し、時代の変革へも対処できる経験と人材が備わっていたのである。

一方の東映動画には、そうした経験や人材が備わっていなかった。長編アニメを定期的に制作するスタジオ自体、東映動画が日本初なのだから、備わっていないのは当然である。もし大川博が本質的なワンマン経営者であり、しかもアニメーション制作に対して真に先見性と計画性を持っていたならば、東映動画の歩んできた道筋は、もっと違うものになったはずである。

岡田茂によれば、晩年の大川博は、労働組合を極度に恐れていたという[5]。これも、ワンマン経営者のイメージにはそぐわないエピソードである。

結局、大川博は、ワンマンではあったが、それは、映画のシロウトである大川が、東映再建のためにワンマンに「ならざるを得なかった」、そしてワンマンを「演じざるを得なかった」ということではないのか。結果、東映が急速に業績回復したため、大川のワンマンぶりが注目され、本人もその気になった。

しかし、第二東映の失敗、NETテレビでの内紛、長男の言動に端を発する労務問題、そして東映動画、東映フライヤーズ、ボウリングなど関連事業での不振や不協和音が目立つようになれば、ワンマンではなく我がままだという、悪い意味でのワンマン経営者の側面が露呈し、「演じざるを得なかった」大川は焦り、疲労していった。大川にとって、五島慶太亡き後、相談相手がいなくなったことも大きかった。

大川は、自身の長男が震源地であり、ほとんど収拾がつかなくなった東映本社の労務問題の解決を岡田茂に委ねた。疲れきった大川が他界するのは、それからわずか4ヶ月後のことである。

大川博は「日本のディズニー」だったのか

前項では、東映動画の設立時の問題点をさまざま述べた。しかし一方で、東映動画という長編アニメ制作の一大拠点としての「場」が誕生し、そこを発端としてアニメ大国・日本への道筋が拓かれ、多くの人材が輩出したことは、最大限の評価に値する。

人材について挙げると、まず、1961年に設立された手塚治虫の虫プロダクションの立ち上げ時の多くのメンバーは東映動画から移籍した。もちろん、宮崎駿、高畑勲も東映動画出身、『ルパン三世』など多くのテレビアニメの作画を手がけ、日本を代表するアニメーターの一人・大塚康生、そして『サマーウォーズ』『おおかみこどもの雨と雪』など近年優れた長編アニメを発表している細田守も、東映動画出身である。

また、長い歴史を有するスタジオならではと言えようか、長期にわたって制作し続けている作品、シリーズが多い。例えば、『魔法使いサリー』(1966―1968)は、東映動画が制作した「魔女っ子シリーズ」の第1作であり、以後、『美少女戦士セーラームーン』などを経て現在の『プリキュア』シリーズへと受け継がれている。『ドラゴンボール』をはじめとする人気漫画のアニメ化作品の長期放映というスタイルも、現在の『ONE PIECE』

へとつながっている。こうしたことから、東映動画、現在の東映アニメーションは、子どもというアニメのメインターゲットを大切にしつつ、いつも安心して見ることができる作品を提供してくれるプロダクションだというイメージが定着している。

東映動画とディズニー

日本初の大規模で集約的なスタジオであり、劇場用長編アニメをコンスタントに制作する体制で活動を始めた東映動画は、「日本のディズニー」を目指して設立されたと、ここまで何度か書いてきた。東映動画の設立当時の「ディズニー」と言えば、子ども向けの劇場用長編アニメを世界的規模で配給するというイメージが強く、ミッキーマウスなど人気キャラクターを使ったマーチャンダイジング（商品化）や、設立まもないディズニーランドなどテーマパークを中心とした総合娯楽化、さらには厳しい著作権管理などについての認識は、まだ薄かったと思われる。したがって、こうした企業としてのディズニーと設立時の東映動画とは、少なからず距離がある。

一方、設立者のウォルト・ディズニーと大川博とを比較してみよう。こんな比較が今まで成されたとは到底思えないが、確かに2人ともカリスマ的な企業設立者・経営者であり、それぞれの国のアニメーションの流れを大きく変え、また巨大化した企業のスタッフらによる大規模な労働運動を経験し、それを経てスタジオから多くの人材を送り出したという面など、多少の共通点はある。しかし、個人の経歴から見ると、もともと美術系の学校を卒業してアニメーターから出発したディズニーと、法律系の大学を卒業して役所の事務官から出発し、制作現場経験のない大川とは大きな違いがある。

なによりも、ディズニーは現在もカリスマとして、そして一つのブランドとして揺るぎない地位を維持しているが、大川博は一部の専門家を別として、すっかり忘れ去られてしまった。むしろ、自身も手を動かして絵を描き、ディズニーを敬愛してアニメスタジオを設立し、テレビアニメシリーズという形で日本のアニメの流れを変え、やはり労務問題に悩まされつつ結果的にスタジオ解散の憂き目にあったが、存在そのものがブランド化して現在でもその名を知らない者はいない手塚治虫のほうが、ディズニーに類似している。

さらには、コンスタントに長編アニメを制作し、著作権管理を徹底して、カリスマ的な監督を有して、国民的な人気を獲得してきたスタジオジブリのほうが、大川博が目指したといわれる「日本のディズニー」に近い。

大川博の残したもの

大川博が忘れ去られてしまった理由として、劇映画の世界では、東映2代目社長の岡田茂が大川博を「綺麗に総括した」からだと、筆者は指摘した。

一方のアニメ界では、これまで大川は全く総括されず、もちろん再評価もされていない。ここがアニメ界の特質なのだが、東映動画に限らず、少なくとも日本のアニメ研究・批評の世界では、作品の実制作者、つまりはアニメーターとか監督とか、彼らの発言や認識の影響力が非常に強く、経営者にはおよそ認識が向かなかった。東映動画にしても、多くの回想録を出しているアニメーターの大塚康生をはじめ、幾人ものアニメーターや監督が東映動画と自身とを回顧しているが、東映動画史は、現在も彼らの発言の影響下にある。

確かに大川博は、設立後の東映動画の運営や作品制作にタッチすることはほとんどなかったようだ。せいぜい、定例の社内試写会やタイトル決定会議に出席する程度である。忘れ去られても、やむを得ないかもしれない。

しかし、現在も日本アニメ界のトップに君臨している東映アニメーションという「場」を作ったのは、紛れもない大川博である。もう少し正確に言うと、東映社長として「場」をつくる決定をしたのは、大川博である。

その東映社長の大川博ということでは、これも倒産寸前の3社を合併して設立された東映をきわめて短期間で再建し、娯楽映画を王道とする東映という「場」とブランドを確立したのは、大川博である。

そんな大川博が作った「場」と、指し示し描いた「路線」とを、結果的に忠実に引き継いだのが、岡田茂と今田智憲である。岡田茂は東映で、今田智憲は東映動画でということである。

2人とも、大川博とは経歴も仕事のスタイルも、そして人間性もかなり異なる。だが、岡田茂で言えば、「東映の映画は不健全映画」などといくら周囲から批判されても臆することなく徹底的に娯楽にこだわったことは先に述べた。娯楽に徹するという点は、大川博と似ている。

ただし大川は、映画は「質よりも数」という方向で推し進め、二本立て興行や第二東映設立につながったが、この点は、例えば同時代の映画会社経営者であり、「映画の質が落ちる」として二本立て興行には冷ややかだった大映の永田雅一とは対照的である。

岡田茂は、「経営第一主義」を掲げ、何が社業にとってプラスで何がマイナスかをハッキリと割り切る方針で東映の社長業を引き継ぎ、業務を進めた。したがって、大川博ほどの「質よりも数」は打ち立てなかったし、マイナスになると判断した付帯事業（アニメーション、ボウリング、タクシーなど）は、情によらず次々と合理化した。その一方で、プラスになると判断して不動産業に注目し、大川とは異なる形で経営の多角化を進め、また京都太秦の「東映太秦映画村」の開園（1975年11月）など、総合娯楽としての映画という位置づけも外さなかった。

一方の今田智憲は、東映動画設立時の方針で対立し、いったんはアニメーションから離れ営業畑を歩んでいたが、次第に大川博、大川の長男との確執が深まり、1970年には東映を辞職した。そして、映画制作会社・ユニオン映画の設立に参加していたが、大川博の死後、盟友でもあった岡田茂に呼び戻されて、1974年8月、ロックアウトまで経て合理化を終えた東映動画の社長に就く。設立時の対立から20年近くを経て、今度は社長として東映動画を率いるというのも皮肉である。

それでも今田は、アニメーションの海外輸出、キャラクターグッズなどアニメーションの商品化を積極的に進め、東映動画を黒字企業へと転換するとともに、1993年4月に社長を退任するまでの約20年間で、今日の東映動画＝東映アニメーションを実質的に育て上げた人物である。何よりも、大川博が夢見た映画の海外輸出、その商材としてのアニメーションの輸出を1970年代から成したのは、今田の時代である。その功あって、東映動画が制作した『UFOロボ グレンダイザー』や『ドラゴンボール』などのテレビアニメの海外での知名度は、現在でも高い。

大川博は「日本のディズニー」にはなれなかったし、またその資質でもなかった。しかし、大川博が創った東映動画というスタジオ＝「場」に入って研鑽を積んだクリエイターは数多く、生み出された作品の先進性と多様性も特筆すべきもので、「場」が果たした影響力は計り知れない。そして、大川がスタジオを基点として敷いたレールは、今田智憲によって受け継がれ発展し、現在に至っている。

東映動画、現在の東映アニメーションは、今年（2016年）設立60周年にあたる。ちょうど20年前の設立40周年の際に催された記念パーティの場には、今は亡き岡田茂の姿があった。かつて大規模な合理化を行い、東映動画も、最悪解散もやむなしという考えで、その規模を半分にまで縮小した岡田茂である。さすがの岡田も、その後の日本のアニメ隆盛は、予測できなかっただろう。岡田は記念パーティ会場で、近しい関係者に「動画を作った大川さんは、やっぱり偉かったなあ」とつぶやいたという。

終章——あとがきにかえて

大川博は「日本のディズニー」を目指したのか——。

その答えは、大川博は日本のディズニーを目指してはいなかった。そして、大川博は日本のディズニーにもなれなかった。

しかしそれは、決してネガティブな結論だとは、筆者は考えていない。なぜなら、少なくとも「日本のディズニーを目指していた」と言われるほどの大きな仕事を成し遂げたからである。それに、仮にウォルト・ディズニーその人と比較するならば、劇映画の制作会社である東映を、倒産寸前からわずか数年間で日本一の制作本数・配給収入の組織に育て上げたその上に、日本初の長編アニメ制作スタジオ・東映動画を設立し発展させたという意味で、ディズニーを超えている。

もちろん、作品やキャラクターを世界的規模で商品化し、ディズニーランドなど総合娯楽としてのアニメーションを育てるまでには、大川はたどり着けなかった。しかし、大川の英断によって作られた東映動画という「場」と、そこへ集った人材が、時を越え現代に至る中で、東映アニメーションとしてアニメを大きく育て上げ、さらに育て続けている。

東映動画設立直後のCM制作課に在籍した島村達雄氏は、大川博とその業績について、「あれだけの巨費を投じて、しかも最先端の設備を入れたスタジオをつくったところがすごい。大川さんには先見の明があった。あのとき動画スタジオをつくってくれなかったら、今の日本のアニメもなかったと思うし、僕もそのおかげで、アニメーションを続けられた」と語った。

そんな東映アニメーションの事実上の親会社である東映、特に東映の再建と発展は、おそらくアニメーション以上に、大川博が映画界全体という領域で成し得た最大の業績であろう。しかも、その要因は、大川が示した緊縮財政や二本立て製作配給など、映画人ならば決して思いつかないアイデアと、その「無理難題」を確実に映画へと結びつけた撮影所の存在が大きかった。だからこそ、大川の原理原則主義と、撮影所のプライドとが衝突し、しばしば両者は緊張関係に陥った。

一方で、大川の再建策は、当時の映画界では非常識だったかもしれないが、帳簿的な根拠に基づき、削れる部分は徹底的に削って、商品（映画）を生産（制作）して、確実に利益を得て負債を返済し、かつ次回作の制作資金を回収し、最終的な利益を社員や株主に還元するという、一般企業体の再建策としてはきわめて真っ当なものである。その原理原則を貫いたということが、いろいろありながらも、スタッフらが最終的には大川についていった要因だと考えるべきであろう。

そのぶん、晩年に及んでの失策と、それに端を発した東映社員や撮影所スタッフらとの不協和音の増大、そして大川の孤立も深かった。勢いのある時期と晩年とのギャップに直面するたび、筆者の気持ちも暗く沈まざるを得ない。

大川が他界して時間が経ち、大川を直接知る関係者も少なくなった現在、筆者は本書の執筆中、大川が残した多くの談話やエッセイを読み、なんとか大川に「なりきろう」とした。なぜ大川は、あのときああしなかったのか、こういう問題に直面したとき大川ならどう考えどう行動しただろうか……。大川になりきることなど無理に決まっているのだが、そういう意識が喚起させられるのは、大川の人間としての面白さ、魅力、これにつきる。大川はワンマンではなくワンマンを「演じざるを得なかった」と記したが、もしも大川とともに仕事をする機会があったならば、おそらくそんな大川に、「ワンマンを演じている」とどこかで感じつつも、筆者はついていってしまったことだろう。

大川が東映再建に成功し、絶好調だった時期のある雑誌に、東映の入社希望者へ面接する大川の写真が掲載されていた。ある程度つくられた写真なのかもしれないが、およそ就活を行う若者を眼の前にした「大会社の社長」とは思えない、豪快な笑い顔をたたえた姿が写っていた。その写真を、当時の大川を知る元スタッフに見せたところ、「そうそう、この笑顔ですよ！　この笑顔で出ていけばね、敵はいなかったですよ」と話してくれた。

ところで、取材過程で得られた情報の中で、強く印象に残ったことが2つある。大川博の評伝という文脈から外れているため本文では触れなかったが、ここで書いておきたい。

一つが、今田智憲についてである。東映での大川を営業という立場でサポートし、大川がアニメーション制作を目指すにあたって重要な示唆を与えた可能性があり、大川亡き後の東映動画を発展させた立役者にも関わらず、今田智憲についての情報は非常に少ない。そのことが、本書を執筆するにあたって大きな障壁となった。筆者が取材でお会いした関係者らも一様に「もうちょっと早く取材を始めて、今田さんから直接話を聞ければよかったのにねえ」と語るばかりで、筆者も臍をかむ思いだった。

取材に応じていただいた方々は、今田の性格について、「あまりこだわりのない、カラッとした人だった」「いろいろなアイデアを思いつくが、いざ実現すると飽きて興味をなくしてしまうし、本人もそれを自覚していた」「東映動画のとなりの撮影所にいたのに、動画スタジオには一度も来たことがなかったらしい。それも始まった動画には興味がなかったから」と語ってくれた。いろいろなアイデアを出すが、実現すると興味をなくしてしまって、さっさと次の事業に眼を向けるところなど、大川博に似ているようにも思う。

そういえば、大川の後を引き継いだ岡田茂にしても、周囲の声に耳を貸さず徹底的に娯楽に徹したところは、大川に似ている。

もちろん映画人としての性向や、人間性などは相当に違うのだろうか、大川博、岡田茂、そして今田智憲の3人には、どこか似ているところがあったように感じる。だからこそ、大事業を成したのではないかと想像するのだ。

そしてもう一つ。その東映動画について、設立前後に在籍した橋本潔氏は次のように評していた。「できたばかりの東映動画というのは不思議なところで、動画（アニメーション）を作るということについて、夢を語る人が一人もいなかった」と。

東映動画に入る前には開局まもないNHKで勃興期のテレビ事業を手がけ、また動画を離れてからは、やはり開局と同時にNETに入って一から番組制作を手がけた橋本氏ならではの見立てかもしれないが、これまでの東映動画についての研究や論評では接することのなかった証言である。

東映動画には「夢を語る人が一人もいなかった」とは、どういう意味なのか。アニメ監督やアニメーターらによる華やかで、かつ泥臭いエピソードが伝えられることの多かった東映動画史には、まだまだ新しい切り口で迫る余地が残されていることを予感させる証言なのではないかと思う。

本書は、大川博の評伝として書いた。これまでに公刊・公開された資料などに基づいて記述した部分も多く、新しいと言えるほどの知見はさほど盛り込まれていないと感じるむきもおられるかもしれない。学術的な切り口も控えめにした。

東映アニメーションに関しても、設立前から『白蛇伝』成立までの期間に限って書いたため、それ以後の、名作『太陽の王子ホルスの大冒険』成立前後や、労働組合活動についてはほとんど触れなかった。これは、『白蛇伝』以後の東映アニメーションの流れからは、大川のパーソナリティがほとんど見えなかったことと、その一方で生み出された作品やスタッフらについては従来から多くの研究者らが注目していることが大きい。特に組合活動については、近年、本書でも引用した木村智哉氏が優れた研究を発表しており、筆者も大いに刺激を受けた。今後の成果に委ねたいと思う。

本書は研究書ではなく読み物としての体裁・筆致を意識したが、それでも引用文献については詳細に記載した。これらの文献・資料類は、筆者が個人的に収集したもののほか、国立国会図書館、東京都立図書館、京都府立図書館、東京国立近代美術館フィルムセンター、早稲田大学演劇博物館、大宅壮一文庫などで閲覧・収集した。興味を持たれた方々には、ぜひ元文献にあたっていただければと思う。

そして、大川博と時を同じくして仕事をされた方々には、遠い記憶をたどっていただきながら、多くの貴重な証言を頂戴した。元東映動画の演出家・池田宏氏、撮影の吉村次郎氏、主にＮＥＴ（テレビ朝日）で活躍した美術家・橋本潔氏、白組社長・島村達雄氏、東映アニメーションの元会長の泊 懋氏、そして大川博のご遺族・大川聰氏には、特に厚くお礼申し上げたい。

日本大学芸術学部教授の田島良一氏には、日本映画史における大川博の位置づけについて、的確なアドバイスをいただいた。東映株式会社広報室には、筆者の取材に関わる情報を提供いただいた。

加えて、いつも我がままな筆者を理解し、今回の仕事でも多くのご協力をいただいた研究者や友人らにも、心からのお礼を申し上げたいと思う。

第4章の末尾で、東映動画設立40周年記念パーティで、岡田茂が「動画を作った大川さんは、やっぱり偉かったなあ」とつぶやいたと紹介したが、このエピソードを明かしてくれたのは、当時の東映動画社長・泊 懋氏である。筆者はこのエピソードを聞いて、本当にホッとしたというか、オーバーなようだが救われたような気持ちになった。

大川博が来世で今、何をやっているのかはわからないが、本書をもって、この言葉を伝えたいと思う。

津堅信之

2016年6月

◉注釈

序章

［1］大塚康生『作画汗まみれ　増補改訂版』徳間書店スタジオジブリ事業本部、2001年
［2］大川博『この一番』東京書房、1959年
［3］大川博「私の履歴書」『私の履歴書　経済人3』日本経済新聞社、237―296頁、1980年
［4］杉井ギサブロー（すぎい・ぎさぶろう）は、1940（昭和15）年8月20日静岡県生まれ。1958年、東映動画にアニメーターとして入社。以後、虫プロダクション、グループ・タックなどを経て多くのテレビアニメ、劇場用アニメの監督を行う。主な監督作品に『タッチ』（1985―1987）、『銀河鉄道の夜』（1985）、『あらしのよるに』（2005）など。

第1章

［1］大川博『この一番』東京書房、1959年
［2］大川博「私の履歴書」『私の履歴書　経済人3』日本経済新聞社、237―296頁、1980年
［3］岸松雄『偉大なる青雲―闘魂と努力の経営人　大川博伝』鏡浦書房、1965年
［4］五島慶太（ごとう・けいた、旧姓・小林）は、1882（明治15）年4月18日長野県生まれ―1959（昭和34）年8月14日没。経歴は36―41頁に詳述。

[5] 神奈川大学21世紀ＣＯＥプログラム（編）『関東大震災　地図と写真のデータベース』２００８年 http://www.himoji.jp/database/db06/index.html（２０１６年７月19日アクセス）

[6] 大川博『会社経理統制令解説』陸運研究社、１９４０年

[7] 牧野守『日本映画検閲史』パンドラ、２００３年

[8] 千葉準一「戦時統制経済期における会社経理統制（1）―陸軍による軍需品工場事業場経理統制の展開」『経済志林』77巻、３８５―４１３頁、２０１０年

[9] 東京急行電鉄株式会社社史編纂事務局編『東京急行電鉄50年史』東京急行電鉄、１９７３年

[10] 小林一三（こばやし・いちぞう）は、１８７３（明治６）年１月３日山梨県生まれ―１９５７（昭和32）年1月25日大阪府没。小林は五島慶太と交流があり、五島の目黒蒲田電鉄役員就任は、小林の助言による。

[11] 五島慶太『七十年の人生』要書房、１９５３年、五島慶太「私の事業哲学」小林一三、中野友禮、五島慶太『仕事の世界』春秋社、３―37頁、１９５１年

[12] 佐藤栄作（さとう・えいさく）は、１９０１（明治34）年３月27日山口県生まれ―１９７５（昭和50）年6月3日東京都没、後の内閣総理大臣。ただし、佐藤は自伝『今日は明日の前日』（フェイス、１９６４年）、『佐藤榮作日記』（全6巻、朝日新聞社、１９９８―１９９９年）などで、当時の大川には触れていない。『日記』には、東映社長となった大川が、自民党幹事長、あるいは大蔵大臣時代の佐藤栄作への陳情、会食などした様子が簡単に書かれている程度。

[13] 大川博「五島さんあっての私」唐沢俊樹ほか編『五島慶太の追想』五島慶太伝記並びに追想録編集委員会、１２３―１２６頁、１９６０年

[14] 三鬼陽之助『五島慶太傳』東洋書館、１９５４年

[15] 羽間乙彦『五島慶太』時事通信社、１９６２年

［16］座談会「生涯を事業に賭けて」唐沢俊樹ほか編『五島慶太の追想』五島慶太伝記並びに追想録編集委員会、157―172頁、1960年

［17］坪井與（つぼい・あたえ）は、1909（明治42）年3月23日長崎県生まれ―1992（平成4）年3月31日没。

［18］坪井與、渡邊達人「東横映画史（上）」『映画史研究』18号、1―19頁、1983年、「東横映画史（下）」『映画史研究』20号、1―6頁、1985年

［19］牧野守「東映動画の誕生に到る経緯とその歴史的背景」日本アニメーション学会研究委員会編『東映動画の成立と発達』日本アニメーション学会、12―35頁、2002年

［20］根岸寛一（ねぎし・かんいち）は、1894（明治27）年11月1日茨城県生まれ―1962（昭和37）年4月27日神奈川県没。

［21］牧野満男（まきの・みつお＝後のマキノ光雄）は、1909（明治42）年11月15日京都市生まれ―1957（昭和32）年12月9日没。

［22］1945年から48年まで存在した団体。現在の全国農業協同組合連合会（全農）とは無関係。

［23］片岡千恵蔵（かたおか・ちえぞう）は、1903（明治36）年3月30日群馬県生まれ―1983（昭和58）年3月31日東京都没。

［24］永田雅一（ながた・まさいち）は、1906（明治39）年1月21日京都市生まれ―1985（昭和60）年10月24日没。

［25］永田雅一「私の履歴書」『私の履歴書　経済人2』日本経済新聞社、209―252頁、1980年

［26］永田雅一「年寄りをいたわれ」唐沢俊樹ほか編『五島慶太の追想』五島慶太伝記並びに追想録編集委員会、178―181頁、1960年

[27] 岡田茂（おかだ・しげる）は、1924（大正13）年3月2日広島県生まれ—2011（平成23）年5月9日没。

[28] 岡田茂『悔いなきわが映画人生—東映と、共に歩んだ50年』財界研究所、2001年

[29] 五島慶太『事業をいかす人　改訂版』有紀書房、1963年

[30] 大川博、小川栄一（対談）「人生対談　認め、認められる法」『オール生活』10月号、38—43頁、1957年

[31] 東映編『東映五年の歩み』東映、1956年

[32] 正力松太郎（しょうりき・まつたろう）は、1885（明治18）年4月11日富山県生まれ—1969（昭和44）年10月9日静岡県没。

[33] 大川博『この一番の人生』実業之日本社、1963年

[34] 大川は『この一番の人生』で「球団権利金24万円をふくめて、計35万円ほど」で、「決して高い買い物ではなかった」と語っている。

[35] 鈴木龍二『鈴木龍二回顧録』ベースボール・マガジン社、1980年

[36] 戦前から2リーグ制移行までの経緯は、報知新聞社編「プロ野球二十五年」（報知新聞社、1961年）による。

[37] 鈴木龍二（すずき・りゅうじ）は、1896（明治29）年3月15日東京府生まれ—1986（昭和61）年3月30日東京都没

[38] 東急生え抜きの外野手。後に西鉄ライオンズへ移籍。「青バットの大下」として人気を誇る。

第2章

[1] 東映十年史編纂委員会編『東映十年史』東映、1962年
[2] 大川博『この一番』東京書房、1959年
[3] 大川博『真剣勝負に生きる』ダイヤモンド社、1967年
[4]『クロニクル東映1947—1991 [I]』東映、1992年
[5] 渡邊達人『私の東映30年』渡邊達人、1991年
[6] 伊藤義（いとう・よし）は、1903（明治36）年3月21日福岡県生まれ。京都帝国大学卒業後、日活、満映を経て東横映画に入る。東映常務。1986年没。
[7]『映画年鑑 1953年版』時事通信社、1953年
[8] 田中純一郎『日本映画発達史』4巻 中央公論社、1980年
[9] 高橋勇「手形の話・予算の話」前掲『東映十年史』376—377頁
[10] マキノ光雄「浪花節・東映繁昌記」『特集文藝春秋』6月号、54—61頁、1957年
[11] 大川博「予算主義の徹底と企業の発展」『経済展望』5月号、37—39頁、1953年
[12] 中村錦之助（なかむら・きんのすけ）は、1932（昭和7）年11月20日京都市生まれ—1997（平成9）年3月10日千葉県没。後の萬屋錦之介（よろずや・きんのすけ）。
[13] 東千代之介（あずま・ちよのすけ）は、1926（大正15）年8月19日東京府生まれ—2000（平成12）年11月9日没。
[14] 岡田茂『悔いなきわが映画人生—東映と、共に歩んだ50年』財界研究所、2001年
[15] 山本善次郎（やまもと・ぜんじろう）は、1898（明治31）年2月6日千葉県生まれ—1981（昭和56）年2月8日東京都没。別名＝山本早苗、戸田早苗。

［16］藪下泰司（やぶした・たいじ）は、1903（明治36）年2月1日大阪府生まれ―1986（昭和61）年7月15日東京都没。本名＝泰次。

［17］筆者が取材した東映の関係者らによる証言。

［18］大川博「私の観たアメリカの映画企業」『経済展望』10月号、48―50頁、1953年。

［19］赤川孝一「三つの回想」前掲『東映十年史』361―362頁

［20］例えば、木村智哉「東映動画株式会社の発足と同社アニメーション映画の輸出に関する一考察」『演劇博物館グローバルCOE紀要　演劇映像学』第1集、147―168頁、2011年

［21］今田智憲（いまだ・ちあき）は、1923（大正12）年7月20日広島県生まれ―2006（平成18）年6月23日没。

［22］今田が発言している数少ない例が、『キネマ旬報』1953年7月下旬号の「日本映画・輸出産業のホープとなる」だが、アニメーション制作への言及はない。

［23］2015年11月28日、筆者による聴取。証言者の吉村次郎（よしむら・じろう）は、1938年東京生まれ。日本大学芸術学部卒業後、1961年東映に入社と同時に東映動画へ出向、以後劇場アニメ、テレビアニメの多くの撮影を手がける。

［24］橋本潔（はしもと・きよし）は、1930（昭和5）年3月10日京都市生まれ。長編アニメーション第1作『白蛇伝』制作開始前に東映動画に入り、その後、東映が主導したテレビ局・日本教育テレビ（NET、現・テレビ朝日）の設立にも参加している。

［25］橋本潔『自分史　テレビ美術―セットデザインと映像の可能性を索めて1952～1995』レオ企画、1996年

［26］大川博「東映娯楽映画論」『キネマ旬報』11月下旬号、59―62頁、1957年

第3章

［1］池田宏（いけだ・ひろし）は1934（昭和9）年8月10日東京市生まれ。1959年、日本大学芸術学部卒業後、演出助手第1期生として東映動画に入社。テレビアニメ『ひみつのアッコちゃん』、劇場用長編『空飛ぶゆうれい船』『どうぶつ宝島』などの演出を手がける。本書に関わる池田へのインタビューは、2015年11月27日に実施した。

［2］池田宏「東映動画研究―生産性とその向上」『アニメーション研究』13巻、3―11頁、2012年

［3］「3DCGの夜明け―日本のフルCGアニメの未来を探る　第4回　池田宏氏」『AREA JAPAN』2014年 http://area.autodesk.jp/column/trend_tech/daybreak_3dcg/04/（2016年7月19日アクセス）

［4］池田資料のほか、近年の代表的な研究に、木村智哉「東映動画の輸出と合作―大川博時代の構想と実態」岩本憲児編『日本映画の海外進出』森話社、225―248頁、2015年

［5］漫画映画製作研究委員会「第壱回漫画映画製作研究委員会議題」（1955年3月31日）。『東映十年史』では「漫画映画自主製作委員会」となっているが、現存するこの会議資料での名称に倣った。

［6］大川博、有光次郎（対談）「教育映画の製作について」『視聴覚教育』3月号、24―25頁、1955年。ここで大川のいう「漫画」とはもちろんアニメーションを指す。

［7］今田智憲「東映動画の二十年を　そしてその将来を語る」東映動画編『東映動画長編アニメ大全集』上巻、徳間書店、4―5頁、1978年

［8］山本早苗『漫画映画と共に―故山本早苗氏自筆自伝より』宮本一子、1982年

［9］東映十年史編纂委員会編『東映十年史』東映、1962年

［10］藪下泰次「『日動』から『白蛇伝』まで」『とうえい』（東映社内報）10月号、10―11頁、1966年

［11］山崎季四郎（やまざき・きしろう）は、1905（明治38）年12月28日長野県生まれ。慶應義塾大学卒業

後、東横電鉄入社、１９４７年東横映画取締役などを経て、当時は東映常務取締役、教育映画担当役員。
［12］アニメーション制作で、絵を描くスタッフをアニメーターというが、通常、動きのキーになる絵を描くスタッフを原画家または原画マン、原画家が描いた絵をクリーンナップしたり、必要となるすべての絵を描いたりするスタッフを動画家または動画マンという。一般的には、ベテランスタッフが原画を、新人スタッフが動画を担当するが、特に絵を描くスピードが問われるのが動画家である。
［13］山根章弘（やまね・やすひろ）は、１９１８（大正７）年７月24日東京生まれ－２００２（平成14）年３月４日没。『白蛇伝』当時は人形劇団テアトルプッペを主宰していた。
［14］山根章弘「国産動画映画誕生奇談」『日本』10月号、１９４－１９７頁、１９６４年
［15］大塚康生（おおつか・やすお）は、１９３１（昭和６）年７月11日島根県生まれ。日本を代表するアニメーターの１人。１９５６年６月頃、東映動画として発足することが決まっていた日動映画に出入りするようになり、同年12月、東映動画にアニメーターとして入社。『白蛇伝』制作に関わる。
［16］大塚康生「日本のアニメに期待すること」日本アニメーション学会研究委員会編『東映動画の成立と発達』日本アニメーション学会、65－79頁、２００２年
［17］橋本潔『自分史　テレビ美術－セットデザインと映像の可能性を索めて１９５２～１９９５』レオ企画、１９９６年
［18］『東京タイムズ』６月27日付、６面、１９５６年
［19］香港電影資料館（https://www.lcsd.gov.hk/CE/CulturalService/HKFA/documents/2005525/2007342/7-2-1.pdf）（２０１６年７月19日アクセス）
［20］筆者による橋本潔インタビューは、２０１６年１月29日実施。
［21］原口正宏「動画史探訪　Ｖｏｌ．１」『アニメージュオリジナル』４号、２００９年

[22] 藪下泰司「白蛇伝の思い出」『FC』46号、12頁、1978年
[23] 赤川孝一「三つの回想」前掲『東映十年史』361−362頁
[24] 大川博、大宅壮一（対談）「興行界の〝家康公〟大川博東映社長にきく」『週刊朝日』12月11日号、28−32頁、1960年
[25] 伊豫田康弘ほか『テレビ史ハンドブック—読むテレビあるいはデータで読むテレビの歴史』改訂増補版、自由国民社、1998年
[26] 全国朝日放送株式会社総務局社史編纂部編『テレビ朝日社史—ファミリー視聴の25年』全国朝日放送株式会社、1984年
[27] 赤尾好夫（あかお・よしお）は、1907（明治40）年3月31日山梨県生まれ—1985年（昭和60）9月11日没。
[28] 大川博『この一番』東京書房、1959年
[29] 田中純一郎『日本映画発達史』4巻 中央公論社、1980年
[30] 岡田茂『悔いなきわが映画人生—東映と、共に歩んだ50年』財界研究所、2001年
[31] 渡邊達人『私の東映30年』渡邊達人、1991年
[32] 五島昇（ごとう・のぼる）は、1916年（大正5年）8月21日東京生まれ—1989年（平成元年）3月20日没。五島慶太の長男。
[33] 大川博『この一番の人生』実業之日本社、1963年
[34] 大川聰（おおかわ・さとし）へのインタビューは2016年4月14日実施。
[35] 水原茂『わが野球人生』恒文社、1978年
[36]『朝日新聞』5月11日付、15面、1970年

第4章

[1] 城戸四郎「大川博氏を悼む」『キネマ旬報』9月下旬号、73頁、1971年
[2]「東映大川社長の死と首脳交代つづく映画界」『財界』9月15日号、82─87頁、1971年
[3]「東映社長・大川博さん死す!」『週刊平凡』9月2日号、49─51頁、1971年
[4] 畔柳二美「最高の恋の実践者たち　大川東映社長令息とニューフェイスの場合」『マドモアゼル』8月号、142─145頁、1960年
[5] 岡田茂『悔いなきわが映画人生─東映と、共に歩んだ50年』財界研究所、2001年
[6] 例えば、小林久三『日本映画を創った男─城戸四郎伝』新人物往来社、1999年、田島良一「永田雅一の日本映画国際化戦略」『日本大学芸術学部紀要』59号、5─13頁、2014年
[7] 俊藤浩滋(しゅんどう・こうじ)は、1916(大正5)年11月27日兵庫県生まれ─2001(平成13)年10月13日没。プロデューサーとして、高倉健主演の『日本侠客伝』などを手がける。
[8] 俊藤浩滋、山根貞男『仁侠映画伝』講談社、1999年
[9] 矢島信男(やじま・のぶお)は、1928(昭和3)年7月24日埼玉県生まれ。松竹を経て東映の特撮技術課に入り、『宇宙快速船』(1961)など映画のほか、『秘密戦隊ゴレンジャー』(1975─1977)などテレビ特撮番組を数多く手がけた。ちなみに、矢島が入った設立直後の特撮技術課の課長は、後に『新幹線大爆破』(1975)の特撮を手がけた小西昌三。
[10] 矢島信男『東映特撮物語　矢島信男伝』洋泉社、2014年
[11]「男性上位路線で稼ぎまくる　三鬼陽之助のトップ対談　連載第10回　東映社長・大川博氏」『週刊サンケイ』3月9日号、48─52頁、1970年
[12]「10チャンネルの番外劇『社長退陣』」『週刊文春』11月23日号、28─32頁、1964年

[13] 栗山富郎『デラシネ―わたくしの昭和史』ボイジャー、2009年
[14] 三鬼陽之助「東映東急分離劇の教訓」『財界』10月1日号、18―21頁、1964年
[15] 登石雋一（といし・しゅんいち）は、1932（昭和7）年東京生まれ―2012（平成24）年9月11日没。東映動画社長在任期間は1972年6月30日から74年8月9日までで、この間に大規模なリストラが行われる。後任の社長が今田智憲。
[16] 文化通信社編著『映画界のドン　岡田茂の活動屋人生』ヤマハミュージックメディア、2012年
[17]『朝日新聞』（大阪版）9月6日付夕刊、9面、1972年
[18] 島村達雄（しまむら・たつお）は、1934（昭和9）年9月29日東京生まれ。東京藝術大学卒業後、東映動画入社。『白蛇伝』の動画を担当した後、新設されたCM制作課に移籍し、「サントリー赤玉ポートワイン」など多くのCMアニメーションを手がける。その後、映像制作会社・白組を設立、現在に至る。島村達雄へのインタビューは2016年5月19日に実施した。

◉主要参考文献（引用したものを除く）

▼単行本

赤上裕幸『ポスト活字の考古学―「活映」のメディア史１９１１―１９５８』柏書房、２０１３年

石川信夫『幾たびか峠を越えて―東急労働運動傍史』東急労働組合、１９８５年

井上雅雄『文化と闘争―東宝争議１９４６―１９４８』新曜社、２００７年

岩崎昶編『根岸寛一』根岸寛一伝刊行会、１９６９年

瓜生忠夫『マス・コミ産業―その日本における発展の特異性』法政大学出版局、１９６２年

大川博「負けん気の一生勉強」実業之日本社編『世に出るまで、私の実業勉強』実業之日本社、97―１１０頁、１９６０年

大路真哉『大川博半生記―東映王国を築いた』政経日報社、１９５８年

小田急沿革史編纂委員会編『小田急二十五年史』小田急電鉄、１９５２年

春日太一『あかんやつら―東映京都撮影所血風録』文藝春秋、２０１３年

北川鉄夫『マキノ光雄』汐文社、１９５８年

『キネマ旬報別冊　日本映画人大鑑』１９５９年

久美薫「アニメーションという原罪」トム・シード（久美薫訳）『ミッキーマウスのストライキ！―アメリカアニメ労働運動１００年史』合同出版、５７１―６１０頁、２０１４年

京浜急行電鉄株式会社社史編集班編『京浜急行八十年史』京浜急行電鉄、１９８０年

小柳賢一編『放送対談　経営の鍵』日本科学技術連盟、１９５８年

坂本藤良『日本の社長』毎日新聞社、１９６３年
志賀信夫『テレビ番組事始―創生期のテレビ番組25年史』日本放送出版協会、２００８年
田中純一郎『永田雅一』時事通信社、１９６２年
田中純一郎『日本教育映画発達史』蝸牛社、１９７９年
津堅信之『日本アニメーションの力―85年の歴史を貫く２つの軸』ＮＴＴ出版、２００４年
津堅信之『アニメ作家としての手塚治虫―その軌跡と本質』ＮＴＴ出版、２００７年
『坪井與』編纂委員会編『坪井與』『坪井與』編纂委員会、１９９４年
東映株式会社映像事業部編『東映映画三十年―あの日、あの時、あの映画』東映、１９８１年
東映動画編『東映動画40年の歩み』東映動画、１９９７年
『東映フライヤーズ全史―よみがえる〝暴れん坊たち〟の熱い記憶』ベースボール・マガジン社、２０１５年
日本国有鉄道編『日本国有鉄道百年史』９巻、日本国有鉄道、１９７２年
松野本和弘『東映動画アーカイブス―にっぽんアニメの原点』ワールドフォトプレス、２０１０年
大映株式会社編『大映十年史』大映、１９５１年
宮脇俊三『時刻表昭和史』角川書店、１９８０年
山口且訓、渡辺泰『日本アニメーション映画史』有文社、１９７７年

▼定期刊行物、学会機関誌等

浅利浩之「１９５０年代大映の企業戦略とその海外輸出政策に関するノート」『明治学院大学大学院文学研究科藝術學専攻紀要』６号、63―81頁、２００７年
今村太平「日本の漫画映画―『白蛇伝』を見て」『中央公論』12月号、２３９―２４３頁、１９５８年

「顔・今田智憲氏」『映画時報』9月号、13頁、1961年
「再建なった東映動画の現状　座して待つ商売から能動的セールスへ」『AVジャーナル』9月号、14－18頁、1976年
「匿名座談会　日本映画を横から見れば」『映画時報』9月号、14－26頁、1961年
「映画界を征服する男　大川博のシロウト商法」『週刊読売』11月6日号、10－16頁、1960年
大川博「邦画の現状と将来」『映写技術リポート』9月号、1頁、1952年
大川博、マキノ光雄（談）「東映はビッグ3に入る！」『キネマ旬報』10月上旬号、60－63頁、1952年
大川博「デフレに鈍感の映画企業」『経済展望』6月号、60－62頁、1954年
大川博「何故私は日印合作映画を企画したか」『シナリオ』11月号、8－9頁、1954年
大川博（談）「苦労の有難味」『オール生活』4月号、24－27頁、1955年
大川博、遠藤健一（対談）「最後の勝利は君のもの⁉」『オール生活』10月号、26－31頁、1956年
大川博「わが映画事業哲学」『キネマ旬報』3月下旬号、34－38頁、1956年
大川博、岡本博（対談）「六社長に製作構想をきく―東映篇」『映画芸術』2月号、58－63頁、1958年
大川博（談）「ご家庭参上　質素な家の性急な住人」『毎日グラフ』2月9日号、22－23頁、1958年
大川博、三鬼陽之助（対談）「躍進・東映の真面目」『財界』10月15日号、24－28頁、1958年
「大川一家の殴り込み　東映王国を築いた秘密」『週刊東京』8月15日号、3－9頁、1959年
大宅壮一、大川博、正力松太郎（座談会）「一テレ二プロ三映画」『週刊公論』1月12日号、10－13頁、1960年
「東映大川社長のなぐり込み剣法」『週刊公論』8月23日号、27－31頁、1960年
「レジャー界の暴れん坊　三冠王を狙う大川東映社長」『サンデー毎日』5月7日号、22－24頁、1961年

大川博「プロ野球経営学」『中央公論』2月号、276−280頁、1964年
「任侠物を先頭の娯楽コンツェルン」『週刊サンケイ』9月18日、60−64頁、1967年
「大川博　死して日本映画を救うものはダレか」『週刊読売』9月17日号、38−41頁、1971年
「大川博東映社長突然の死の波紋」『キネマ旬報』9月下旬号、138−139頁、1971年
「故大川社長に1億5000万円を贈る東映の任侠」『週刊大衆』11月18日号、136−139頁、1971年
「二代目活動屋紳士録　大川毅氏」『日本』10月号、34頁、1959年
「寂しい『東映の御曹司』」『週刊新潮』1月31日号、13頁、1980年
「大川毅東映代表取締役　東映の事業を語る」『キネマ旬報』11月上旬号、38−40頁、1969年
岡本博「東映撮影所論」『キネマ旬報』5月上旬号、40−43頁、1958年
北川冬彦「『白蛇伝』を見て想うこと」『キネマ旬報』10月下旬号、35頁、1958年
北川冬彦「白蛇伝」『キネマ旬報』1月上旬号、121頁、1959年
木村智哉「初期東映動画における映像表現と製作体制の変革」『同時代史研究』3号、19−34頁、2010年
「日本映画・輸出産業のホープとなる」『キネマ旬報』7月下旬号、75−81頁、1953年
「第一回東南アジア映画祭」『キネマ旬報』6月上旬号、20−29頁、1954年
「今日の時代劇　明日の時代劇　東映東西両撮影所長に聞く」『キネマ旬報』5月上旬号、53−56頁、1958年
「『白蛇伝』をめぐって」『キネマ旬報』10月下旬号、40−43頁、1958年
「新しい年の日本映画を構想する」『キネマ旬報』1月号、75−77頁、1959年
「岡田茂常務　東映映画のエネルギーを語る」『キネマ旬報』6月下旬号、126−128頁、1969年
小出孝「ニューヨーク日本映画見本市より」『キネマ旬報』2月下旬号、55頁、1957年
「テレビを動かす四人男」『財界』9月1日号、3−9頁、1958年

「本格的マンガ映画の登場」『週刊サンケイ』10月19日号、64―65頁、1958年
「二世復帰が焦点の東映争議」『週刊サンケイ』5月10日号、29頁、1971年
竹中労「聞け！　大川の博さん」『20世紀』2月号、40―53頁、1967年
竹中労「東映―二代目襲名（秘）物語」『映画評論』1月号、57―62頁、1968年
田中純一郎「東映をめぐる諸問題」『キネマ旬報』2月下旬号、46―47頁、1955年
長井泰治「長編色彩漫画『白蛇伝』」『記録映画』11月号、33頁、1958年
南部僑一郎「大川東映（父子）の経営に異議あり！」『勝利』6月号、166―173頁、1968年
「幕下りるとき47　借金返済、時代劇で隆盛」『新潟日報』8月8日付、15面、2004年
「功成って郷土愛深く　東映初代社長・大川博氏」『新潟日報』10月15日付、33面、2011年
野口雄一郎、佐藤忠男「偉大なる手工業・東映動画スタジオ」『映画評論』9月号、39―51頁、1961年
原徹「アニメーションは肥った豚」『映画評論』8月号、90―91頁、1964年
「マキノ雅裕の映画界内緒ばなし23」『週刊文春』6月10日号、86―87頁、1982年
中尾光夫（談）「キャラクター業界はじめて物語」『マーチャンダイジング　ライツ　レポート』3月号、27―29頁、1980年
丸山邦男「大川博／文化功労章に泣いた義理と人情路線」『現代の眼』11月号、206―213頁、1969年
水野和夫「世界の映画作家16　深作欣二と菅原文太　現代と〈暴力〉を語る」『キネマ旬報』6月下旬号、75―79頁、1972年
森卓也「『白蛇伝』を見て」『映画評論』2月号、123―125頁、1959年
山田桂三「大川社長の構造面改革案」『キネマ旬報』3月上旬号、64―65頁、1969年
山田桂三「大川東映社長好景気を語る」『キネマ旬報』9月下旬号、80―81頁、1969年

山根章弘「動画『白蛇伝』とパンダ」『毎日新聞』11月4日付夕刊、7面、１９７２年
山本善次郎「東映動画を作る人々」『キネマ旬報』3月下旬号、54－55頁、１９５８年
ドナルド・リチイ「東映動画スタジオ訪問」『キネマ旬報』3月下旬号、50－51頁、１９５８年
劉韻超「日本映画における中国古典の受容と変容－映画『白夫人の妖恋』と『白蛇伝』を中心に」『国際文化研究』21号、１２９－１４０頁、２０１５年

ま

や

ら&わ

索引

カバー写真提供・大川聰

●著者略歴——
津堅信之（つがた・のぶゆき）
アニメーション研究家。日本大学藝術学部非常勤講師。1968年兵庫県生まれ。近畿大学農学部卒。これまでに学習院大学大学院講師、京都精華大学マンガ学部准教授等を歴任。
著書に『日本アニメーションの力』『アニメ作家としての手塚治虫』（共にNTT出版）、『アニメーション学入門』（平凡社新書）、『日本初のアニメーション作家　北山清太郎』（臨川書店）、『テレビアニメ夜明け前』（ナカニシヤ出版）、『日本のアニメは何がすごいのか』（祥伝社新書）等。

ディズニーを目指した男　大川博
——忘れられた創業者

2016年8月25日　第1版第1刷発行

著　者　津堅信之
発行者　串崎 浩
発行所　株式会社日本評論社
〒170-8474　東京都豊島区南大塚3-12-4
電話03-3987-8621［販売］-8598［編集］
振替　00100-3-16
印刷所　精文堂印刷株式会社
製本所　井上製本所
装　幀　桂川 潤
検印省略

ISBN 978-4-535-58695-6